RICCARDA KOLB

So geht glücklich sein

Wie ich aus dem Burnout
in die Leichtigkeit
des Lebens fand

CHRISTIAN

Inhalt

A journey of thousand miles begins with a single step

Liebe Leserin, lieber Leser,

ein großer Teil dieses Buchs ist meine persönliche Lebensgeschichte – mit allen Höhen und Tiefen. Mein Weg von der Anwältin und Managerin hin zur Yogalehrerin, Yogastudio-Inhaberin und Lebenscoachin. Es geht in meinem Buch darum, Lebensfreude und Liebe in das eigene Leben zu bringen. Die eigenen Ressourcen besser einzuteilen und sich von negativen Einflüssen, Dingen und Menschen zu befreien. Durch meine Geschichten kann sich deine Lebenseinstellung verändern. Nach dem Motto: Du verliebst dich plötzlich in die kleinen Dinge des Lebens und bekommst die Kraft, die großen Dinge zu verändern. Ich möchte in meinem Buch auch auf meine persönlichen Tiefpunkte eingehen, um zu erläutern, dass diese zum Leben dazugehören und dazu da sind, gestärkt und mit frisch polierten Flügeln aus der Situation herauszugehen.

Täglich inspiriere ich meine Schüler, indem ich in meinen Yogastunden von persönlichen Erfahrungen, Niederlagen sowie kleinen und großen Fortschritten erzähle. Das ist meine Art, den Yogagedanken zu vermitteln: Yoga für die Seele und den Geist, mit Leichtigkeit und ohne oberflächlich zu wirken. Zu viele Yogis sind frustriert auf ihrem Weg. Sie meditieren und praktizieren jeden Tag, essen vegan und werden dabei immer frustrierter und gestresster. Yoga – das bedeutet für mich Lachen, Ausprobieren, Fallen und wieder Aufstehen. Dem Leben vertrauen. Diese Art, Yoga zu lehren und die Schüler mit Geschichten zu verzaubern, habe ich von meinen Lehrern im *Laughing Lotus Studio* in New York vermittelt bekommen. Und jetzt möchte ich dich liebevoll an die Hand nehmen und dir zeigen, dass gerade das Auf und Ab des Lebens das Spannende ist.

Aus meiner Erfahrung ist Yoga keineswegs nur körperliche Praxis, Atemtechnik und Meditation, sondern Leben mit der nötigen Prise Humor und Leichtigkeit. Meine Geschichten wirken wie Yoga, ohne dass wir uns dabei (körperlich) verbiegen müssen. Yoga ist ein Zustand, ein Zustand voller Glück und Lebensfreude. Yoga ist meine Lebenseinstellung geworden.

Dieses Buch zeigt dir in vielen unterschiedlichen Varianten, wie du es schaffst, dein seelisches Immunsystem wieder zu stärken und dich dadurch körperlich, geistig und seelisch stark und fit zu fühlen. Oft sind wir sehr intensiv damit beschäftigt, uns um unsere körperliche Gesundheit zu kümmern und unser körperliches Immunsystem zu stärken. Genauso wichtig ist es allerdings, unser seelisches Immunsystem zu stärken. Denn es sorgt dafür, dass wir uns gesund ernähren, achtsam mit uns umgehen, uns und alle Lebewesen achten, uns Grenzen setzen, regelmäßig schlafen, essen, Sport machen. Es hilft uns, gesund zu sein und gesund zu bleiben.

Wir glauben im Yoga an mehrere energetische Hüllen, die uns umgeben und die tiefste innerste Hülle ist die um unsere Seele. Ist diese Hülle angeknackst, können wir von außen noch so sehr mit Vitaminen und Spritzen arbeiten, wir werden nie den Punkt erreichen, um aus uns selbst heraus wieder gesund zu werden. Wir müssen das seelische Immunsystem stärken, um täglich achtsam mit uns umzugehen. Das angeknackste seelische Immunsystem ist der Grund, warum wir oft, wenn es uns schon richtig schlecht geht, erst einmal etwas Fettes und Süßes essen und dann reichlich Alkohol nachtrinken, weil ja sowieso schon alles zu spät ist. Wir wissen, dass es keinen Sinn macht, das zu tun. Aber wir haben den Schutzmechanismus und die Kraft, es sein zu lassen, verloren. Wir bleiben in einer schlechten Beziehung, obwohl sie uns nicht guttut. Bleiben über Jahre bei einer Arbeit, die uns keinen Spaß bringt. Fühlen uns dick und ungeliebt, essen aber immer noch mehr und ziehen uns auf die Couch zurück. Um hier nur einige Beispiele zu nennen ... Doch du kannst lernen, dein seelisches Immunsystem wieder komplett aufzubauen. Nimm dir die Zeit dafür.

Vor allem feinfühlige Perfektionisten sind stark gefährdet, einen Burn-out zu bekommen. Feinfühlige, weil sie die Energien anderer Menschen wahrnehmen, sobald sie den Raum betreten, und weil sie Situationen sehr schnell erspüren können. Perfektionisten, weil sie am liebsten alles selbst machen und alles perfekt machen wollen. Nie gelernt haben, Nein zu sagen. Du liebst das Leben oder willst es wieder lieben lernen? Du willst morgen schon alles aus dem Buch gelesen und umgesetzt haben und weißt schon genau, wer das Buch in deinem Freundeskreis auch braucht? Willkommen im Club der sensiblen Perfektionisten!

Mein Buch hat keine vorgegebene Reihenfolge. Lies gerne alles oder picke dir jeweils das Kapitel heraus, das dich heute am meisten anspricht. Jedes Kapitel besteht aus Erfahrungen und Geschichten, die das Leben schrieb, gelebt und erfahren von mir und durch mich ausprobiert am eigenen Leib. Ohne meinen Yogabackground hätte ich viele dieser Geschichten nicht erlebt und schon gar nicht verstanden.

Doch bevor du tiefer in meine Geschichten einsteigst, erwähne ich noch, dass du kein Yoga machen musst, um meine Learnings und Tipps in dein Leben zu integrieren. Yoga ist jedoch mein Background, der mich das Leben besser verstehen lässt. Yoga glaubt an keinen Gott und keine Gottheit, die Lehre des Yoga lässt jedem offen, an was er glauben möchte. Ich persönlich glaube, dass es etwas Höheres, Größeres gibt und nenne es Universum. Aber hier kannst du jeden Begriff, der für dich passt, einsetzen.

Und eine Frage möchte ich vorab beantworten, da sie mir sehr häufig gestellt wird und deshalb vielleicht auch für dich relevant ist: Muss ich beweglich sein, um Yoga zu erlernen? Meine Antwort lautet: Nein. Es geht im Yoga um die Konzentration auf deinen Atem und damit verbunden um körperliche Übungen, die den Geist beruhigen und damit deine Klarheit, Präsenz und Gesundheit fördern. Die Idee, Yoga nur machen zu können, wenn man beweglich ist, ist ungefähr genauso irreführend wie nur duschen zu können, wenn man schmutzig ist …

Viel Spaß beim Lesen und Ausprobieren!

Meine Geschichte

Mehr als Karriere und Funktionieren

Ich war stets ein fleißiger, aufstrebender, ehrgeiziger Kämpfer und Erfolgsmensch und nichts und niemand brachte mich von meinem Weg ab. Ich durchschritt meine Schullaufbahn schnell und tadellos. Genauso wie mein Jurastudium, das ich auf schnellstem Weg hinter mich brachte, obwohl ich schon währenddessen spürte, dass Jura für mich zu hart, zu strukturiert und zu langweilig ist. Aber Aufgeben gab es in unserer Familie nicht. Dieses Konzept kannte ich nicht.

Nach meinem abgeschlossenen Jurastudium habe ich zunächst in New York in einer Kanzlei gearbeitet und dann in mehreren Unternehmen in München. Meine letzte Position in der Businesswelt war Markenmanagerin bei L'Oréal für die amerikanische Kosmetikmarke Kiehl's. Meine Karriere bahnte sich ihren Weg, kontinuierlich und ohne Pause. Einzig und allein meine Führerscheinfahrprüfung musste ich dreimal wiederholen. Natürlich lag das an dem Prüfer und nicht an mir!

Aber tatsächlich führte ich eine Art Doppelleben. Nach außen war ich das Kind, das immer funktionierte und die Jungmanagerin, der rote Teppich ausgelegt wurde. Aber tief in mir gab es seit meinem 19. Lebensjahr das Gefühl, dass da mehr sein muss als Karriere und Funktionieren. Dass das, was ich sehe und fühle, nicht alles sein kann. Dass es etwas Höheres, Größeres geben muss, an das ich glauben wollte.

In unserer Familie gab es keine Gespräche über Spiritualität. Meine Eltern brachten mir bei, was sie für sich verstanden hatten, und erzogen mich liebevoll und selbstbewusst, aber ohne religiösen oder spirituellen Input. Da ich während meines Jurastudiums nachts nicht mehr schlafen konnte und ohne Unterlass im Halbschlaf Fälle prüfte, beschloss ich, etwas für mich zu tun. Ich schlenderte per Zufall an einem Yogastudio in

München-Schwabing vorbei und etwas in mir sorgte dafür, dass ich hineinging und mich von der Lehrerin beraten ließ. Sie unterrichtete Iyengar-Yoga und nahm mich unter ihre Fittiche. So lernte ich Yoga auf eine sehr klassische und genaue Art kennen und das Wunder trat ein: Ich konnte wieder durchschlafen. Was immer da mit mir passierte, ich wollte mehr davon. Bald begann ich, mich von dem für mich sehr strengen Iyengar-Yogastil zu lösen und ging zu den Jivamukti-Yogis. Das ist ein sehr kraftvolles Vinyasa-Yoga, eine fließende Yogaart mit cooler Musik. Es war genau das Richtige für mich und ich begann förmlich in und nach den Stunden zu fliegen und mich ganz leicht zu fühlen. Zum ersten Mal bekam ich eine Idee davon, wie Körper, Atem und Geist zusammenhängen. Aber natürlich war Yoga zu dieser Zeit nur ein Hobby. Ich schmiss mich abends erschöpft auf die Matte und wunderte mich nur manchmal, dass ich in der Meditation müde zur Seite kippte und einschlief.

Yoga in New York

Seit Yoga in mein Leben getreten war, loderte in mir der Gedanke, mehr über Yoga zu erfahren, tiefer einzutauchen. Ich wollte diese Leidenschaft stärker ausleben und die Philosophie von Yoga kennenlernen. Etwas in mir wollte verstehen, wie Yoga wirkt und warum es für mich so magisch ist. Deshalb nahm ich damals nach langer Vorbereitung ein viermonatiges Sabbatical bei meinem Arbeitgeber Yves Saint Laurent Beauté und machte meine Yogalehrerausbildung in New York beim *Laughing Lotus Yoga Center*. Meine Mutter glaubte, ich ginge in eine Sekte und auch ansonsten hielten mich viele für verrückt. Und auch die Frage, warum ich dafür nicht nach Indien gehe, wurde mir oft gestellt. Ganz einfach: Ich wollte immer eine Businessfrau bleiben und Yoga in der Stadt erlernen und leben, die Business und Yoga so wunderbar miteinander verbindet. In New York leben unzählige sehr gute Yogalehrer, die ihre Schüler lehren, Yoga in den Alltag zu integrieren.

Ich hatte mir das *Laughing Lotus Studio* aufgrund eines Tipps einer Bekannten bereits angeschaut und die Energie der Lehrer, die farbenfrohe

Gestaltung der Räume und die Professionalität des Ausbildungsinfogesprächs hatten mich schnell überzeugt. Ich kratzte meine Ersparnisse zusammen und durfte die schönste Zeit meines Lebens erleben. In meiner Lieblingsstadt New York mit meinem Lieblingshobby Yoga. Jeden Tag saugte ich alle Bücher über Yoga in mich auf, praktizierte Yoga in verschiedenen Yogastudios der Stadt und nahm meine Ausbildung hingebungsvoll ernst. Zum ersten Mal in meinem Leben durfte ich etwas lernen, das ich wirklich liebte.

Ich genoss diese Zeit so sehr, dass es mir schwerfiel, wieder in mein altes Leben zurückzukehren. Doch ich hatte es meiner Chefin versprochen und auch meine finanziellen Ressourcen neigten sich dem Ende. Mit dem klaren Wunsch, dass sich bald etwas ändern sollte, verließ ich New York mit meinem Yogadiplom in der Tasche.

Und es sollte sich etwas ändern – wie ich es mir beim Universum gewünscht hatte. Zwei Monate nach meiner Rückkehr aus New York kaufte L'Oréal meinen Arbeitgeber Yves Saint Laurent Beauté auf und bot mir an, mit nach Düsseldorf zu gehen. Ich sollte Yves Saint Laurent in den Konzern integrieren und dann die Marke Kiehl's als Markenmanagerin übernehmen.

Vom Burn-Out zum eigenen Yogastudio

Damit begann die Phase meiner Überforderung. Da ich dazu neige, alles perfekt machen zu wollen, fand ich keine Ruhe mehr. L'Oréal fraß mich förmlich auf. Die Integration von Yves Saint Laurent in den Konzern passierte natürlich gleichzeitig mit meinem Start bei der Marke Kiehl's. Ich war in einer neuen Stadt, ich kannte niemand und ich wollte meinen Chefs und meinem Team zeigen, dass ich alles überdurchschnittlich gut und mit Leichtigkeit schaffe. Ich arbeitete Tag und Nacht. Denn schließlich verebbten die E-Mails aus New York nie. Es machte mir unglaublich viel Spaß, so viel bewegen zu dürfen, so viel Verantwortung zu haben und dabei erfolgreiche Umsätze vorweisen zu können. Zuvor aber war ich Trainingsleiterin und PR-Managerin gewesen und nicht Markenverantwortliche. Ich hatte mich übernommen.

Yoga vergaß ich in diesen Jahren komplett. Sowohl als Trainerin wie auch für mich selbst. Obwohl ich gleich nach meiner Rückkehr aus New York in München schon die ersten Gruppen unterrichtet hatte – denn zu schön war das Gefühl, nach jeder Yogastunde so viele entspannte und dankbare Gesichter sehen zu dürfen. Aber mein yogisches Glücksgefühl war von der Arbeit und dem Drang, erfolgreich sein zu wollen, überrollt worden. Und dann verlor ich den Boden unter den Füßen.

Ich habe viel zu spät um Hilfe geschrien. Erst kurz vor meinem Burn-out hatte ich den Mut, meinem Chef zu sagen, dass ich gehe, wenn ich nicht für mehrere Bereiche Unterstützung bekäme. Kiehl's war damals das Herzstück des Präsidenten von L'Oréal und stand permanent im Mittelpunkt aller Präsentationen. Es gab kein Zur-Ruhe-Kommen. Ich hatte den Zeitpunkt verpasst, mich zu wehren – und dann hatte ich keine Kraft mehr, mich zu wehren.

Dann ging alles sehr schnell: Ich brach zusammen. Gehörsturz, Erschöpfung, Burn-out. Zwangsverordnete Pause! Auf magische Weise fühlte ich mich nach sechs Wochen schon wieder sehr viel besser und kehrte – stark geläutert – an meinen Arbeitsplatz zurück. Ab da machte ich vieles anders. Ich hatte ein kleines Stückchen Kraft zurückgewonnen und diese Kraft nutzte ich, um Grenzen zu setzen, um Extraurlaub einzufordern, um langsam mein Privatleben wieder aufzubauen, erneut mit Yoga anzufangen – und um zu kündigen. Ich machte mich auf den Weg, wieder gesund zu werden. Alle Details zu meinem neuen Weg beschreibe ich dir in den folgenden Kapiteln.

Vor sieben Jahren habe ich dann mein Yogastudio *karmakarma* in Düsseldorf gegründet. Inzwischen bilde ich dort Yogalehrer aus und beschäftige 15 Lehrer. Darüber hinaus bietet das *karmakarma* Yoga- und Kitesurfreisen nach Indien, Spanien, Portugal, in die Niederlande, in Österreich und Deutschland an. Wir haben einen Shop mit einer eigenen *karmakarma*-Yogamodelinie. Ich habe die Yogaart Kunvinyi© für das Studio entwickelt, die ich selbst inzwischen am liebsten praktiziere. Eine wunderbare Mischung aus energiebringendem Kundalini-Yoga, dynamischem Vinyasa-Yoga und entspannendem Yin-Yoga. In den letzten Jahren ist es mir endlich gelungen, meine beiden Welten miteinander zu verbinden: Ich bin Unternehmerin und Yogalehrerin. Meine Liebe zum Yoga lasse ich jetzt nie mehr los!

Nimm dein Leben selbst in die Hand

Du musst dein Hamsterrad verlassen

Über Monate hatte ich nur noch gearbeitet. Mein Privatleben existierte nicht mehr. Meine Freunde riefen mich schon gar nicht mehr an, da ich ihre Anrufe nie annahm und schon gar nicht zurückrief. Wenn ich spät abends gegen 22 Uhr nach Hause kam, machte ich mir schnell noch etwas zu essen und schlief erschöpft vor dem Fernseher ein. Am Wochenende arbeitete ich oder hatte Migräne. Ich wollte niemand sehen. Reden war für mich körperlich richtig anstrengend. Sobald ich etwas erzählen wollte, fühlte es sich so an, als ob ein schwerer Stein-Buddha auf meinem Brustkorb säße und meine Stimme ganz schwer und erschöpft klingen ließe. Und ich wollte meine wenige Energie am Wochenende nicht mit Freunden verpulvern, sondern sie lieber für den Montag aufheben. Und ganz ehrlich: Ich hatte auch nichts Inspirierendes zu erzählen. Schließlich bestand mein Leben nur aus Arbeit. Damit wollte ich meine Freunde nicht langweilen. Yoga hatte ich vergessen. Keine Zeit, keine Lust. Nachts konnte ich nicht mehr schlafen, deshalb beantwortete ich ab 3 Uhr früh meine E-Mails und formulierte neue Strategien für meine Marke. Tagsüber war ich erschöpft und müde. Aber ich funktionierte. Meinen Job erledigte ich mit Bravur. Mein Hamsterrad managte ich hervorragend. Das Hamsterrad war meine sichere Insel.

Ich nahm meinen Zustand von Erschöpfung und Lustlosigkeit und meinen Rückzug vom Privatleben sehr wohl wahr. Immer wieder versuchte ich, mir etwas Schönes zu gönnen, einen kleinen Spaziergang, ein paar Stunden in der Sauna, eine Yogastunde. Aber mein Akku war so leer, dass kleine Refill-Stationen sich weder für meinen Körper noch für meine Seele bemerkbar machten. Wenn der Akku tiefenentladen ist, ist er mit kleinen Auszeiten nicht mehr aufladbar. Ganz im Gegenteil. Je mehr ich an meinen freien Tagen versuchte, wieder ich selbst zu werden, umso müder und erschöpfter wurde ich. Es war gerade so, als ob mein Körper »Juhu« schreien würde: »Juhu, jetzt macht sie eine kleine Pause, jetzt sorge ich dafür, dass sie sich komplett ausruht und mache sie erst einmal richtig müde und krank.«

The best thing about falling: Even more room to rise.

Unser Körper ist schlau. Er funktioniert sehr lange und gibt uns klare Warnsignale, auch wenn er nicht mehr kann. Aber das habe ich zu spät verstanden. Mein Körper hatte schon so lange um Ruhe und Erholung gebeten, dass er schließlich keinen anderen Ausweg mehr sah, als es mir mit dem Schlaghammer zu kommunizieren. Und dafür sucht der Körper sich immer deine schwächste Stelle. Das sind bei mir seit meiner Kindheit meine Ohren.

Eines Samstagsmorgens wachte ich auf und hörte auf meinem linken Ohr nichts mehr. Meine Eigendiagnose lautete: Mittelohrentzündung. Doch eigentlich machte das gar keinen Sinn, da ich vorher keine Erkältung gehabt hatte. Meine Mutter verordnete mir per Telefon einen Gang in die Notaufnahme, da sie sich große Sorgen um mich machte. Die Diagnose der Ärztin war schnell und klar: »Gehörsturz durch Stress. Der letzte Warnschuss. Sie verstehen?« Noch vor Ort bekam ich eine Infusion, um den Schaden im Ohr zu minimieren. Da lag ich nun bei Sonnenschein im Krankenhaus an meiner Infusion. Und plötzlich hatte ich Zeit nachzudenken. Zeit, über mich nachzudenken. Innezuhalten. Mich zu fragen, was dazu geführt hatte, dass ich im Evangelischen Krankenhaus Düsseldorf liege. Erschöpft, müde, blass und allein.

Ich nahm diesen Moment ganz bewusst wahr, denn ich hatte begriffen, dass dies ein Schlüsselmoment war. Die Infusionsflüssigkeit sickerte ruhig in mich hinein, ich fühlte mich matt und durch den Gehörverlust weit weg von der Welt. Wie in einer ganz ruhigen, gedämpften Tiefschneelandschaft. Wen sollte ich anrufen? In Düsseldorf hatte ich nur Arbeitskollegen und keine Freunde. Und die Freunde aus meinem Münchner Leben hatte ich über zwei Jahre lang komplett vernachlässigt. Ich war ganz auf mich allein gestellt. Ich analysierte meinen aktuellen Zustand: Supermanagerin, Erfolgsfrau, großes Auto, volles Blackberry, fettes Ego – krank und traurig.

Musiktipp
Issues,
Julia Michaels

Wollte ich so werden? Nein. Niemals. Ich hatte mich auf dem Weg verloren. Ich hatte wie *Timm Thaler* mein Lachen verkauft. Meine Leichtigkeit und Lebensfreude hatte ich, ohne es zu bemerken, schon sehr lange nicht mehr gespürt. Das Einzige, was mir in diesem Moment sehr klar war: So willst du nicht enden! Kümmere dich um deine Träume. Vielleicht ist es noch nicht zu spät. Mir fiel plötzlich ein, dass ich meine große Leidenschaft, das Yoga, verloren hatte. Aber die Yogalehrerausbildung hatte ich bereits seit drei Jahren in der Tasche. Ich hatte sie nur total vergessen und meine Liebe zum Yoga nicht mehr wahrgenommen. Ich hatte mich in meinem Hamsterrad verfangen.

In diesem Moment nahm ich mir vor, wieder meinen Traum zu leben. Ich schwor mir, bei L'Oréal zu kündigen und mein Leben mit und rund um Yoga zu gestalten. **Ich beschloss, mein Leben wieder selbst in die Hand zu nehmen.** Ich speicherte diesen sehr erschöpften, traurigen Zustand ganz bewusst für mich ab. Ich kann ihn heute noch auf Knopfdruck abrufen, wenn ich bemerke, dass mein Ego wieder die Oberhand gewinnen will und ich mich nicht genug um mich selbst kümmere.

Life Lesson

Etwas in mir hatte sich genau in diesem Moment verändert. Es war mein Verständnis, wer für mich und meinen Zustand verantwortlich ist. In den letzten Wochen hatte ich mich bereits sehr erschöpft gefühlt und immer wieder L'Oréal, meinen Chef, das Headquarter in Paris etc. für meinen Stress verantwortlich gemacht. Aber tatsächlich hatte ich mir selbst meine Ziele immer höher gesteckt, war beruflichen Idealen hinterhergerannt, hatte mich selbst von der Welt zurückgezogen, hatte mich selbst nicht geschützt. Obwohl ich wusste, wie wichtig mein Körper und meine Gesundheit sind. Geschweige denn, meine Seele. Ich hatte nicht rechtzeitig Stopp gerufen. Ganz allein ich selbst hatte mich krank gemacht, nicht »die Bösen von L'Oréal«. Das verstand ich leider erst in diesem Moment, ich hätte mich früher um mich kümmern müssen. Ich ganz allein war für mich verantwortlich.

Happy. Now!

Nur du kannst dein Hamsterrad stoppen und dein Leben verändern.

Wenn wir zu sehr in unserem eigenen Hamsterrad gefangen sind, ist unser gesundes Ego komplett übersteuert. Wir können nicht mehr wahrnehmen, was uns guttut und was nicht. Wir funktionieren einfach nur noch. Das übersteuerte Ego pusht uns weiter. Unser gesundes Ego, das uns hilft, uns selbst zu lieben und uns im richtigen Moment zu schützen, hat seine Kraft verloren. Niemand passt mehr auf uns auf. Das übersteuerte Ego will weiter, es achtet nicht auf unsere Gesundheit, auf unsere Träume, auf unsere Grenzen. Es kennt nur höher, schneller, weiter.

Wenn du auch gerade das Gefühl hast, dass du schon länger in einem wilden Hamsterrad steckst, und die Dinge, die du am Tag bewältigen musst, wie eine zu schnell geschaltete Tennisballmaschine auf dich einprasseln, dann halte inne und frage dich:

- Wie geht es mir? (Und frage nicht deinen Verstand, wie es dir geht, sondern frage dein Herz, wie es dir geht.)
- Wer hat sich entschieden, so zu leben?
- Was bewegt mich, das so zu tun?
- Möchte ich mein aktuelles Leben verändern?

Suhle dich nicht im Selbstmitleid, sondern nimm deinen aktuellen Zustand ganz bewusst wahr. Das ist der erste ganz wichtige Schritt, um Dinge in deinem Leben zu verändern und um dir bewusst zu machen, dass nur du allein für dein Leben verantwortlich bist. Wie verbringst du den Tag? Wie viel Zeit bleibt für dich selbst? Wie viel Zeit bleibt für Partner, Familie, Freunde und deine Hobbys? Schau dir in Liebe an, wie dein Leben sich gerade täglich gestaltet und wie sich das für dich anfühlt. Vielleicht ist es noch nicht zu spät und du kannst dich schützen und deine Grenzen setzen, bevor du krank wirst. Du kannst deinem gesunden Ego voller Liebe und Vertrauen zuhören. Tief in dir wartet es darauf, gehört zu werden. Es ist die ganze Zeit da. Ist das nicht wundervoll? Und sei an dieser Stelle nicht ungeduldig, wie es weitergeht. Die Selbstanalyse braucht ihre Zeit und dann folgen die nächsten Schritte, ganz in deinem Tempo und entsprechend deiner Kraft.

Dein Plan ist der richtige

Als ich damals bei L'Oréal gekündigt habe, hatte ich einen aus meiner Sicht sehr guten Plan: den Plan, wieder gesund zu werden. Aber in unserer heutigen Gesellschaft stößt ein solcher Plan nicht wirklich auf Verständnis und Wohlwollen. Die einen fragten: Hast du schon einen neuen Job? Wie willst du das denn finanzieren? Die anderen sagten: Ein so erfolgreiches, renommiertes Unternehmen sollte man nicht verlassen. So einen Job bekommst du nie wieder. Du bist doch ganz oben auf der Erfolgsleiter. Man kündigt doch nicht, bevor man genau weiß, was man als Nächstes tun will.

Aber mal unter uns: Gibt es einen besseren Plan, als wieder gesund zu werden? Ich finde nicht. Wir haben nur diesen einen Körper, nur diese eine Gesundheit. Und wenn sie angeschlagen ist, ist es das wichtigste Ziel, wieder gesund zu werden. Ich hatte begriffen, dass ich nur gesund werden konnte, wenn ich einen klaren Schlussstrich ziehe und mich nicht schon wieder in die nächste Höhle des Löwen begebe – nur aus Pflichtgefühl und von Ängsten getrieben. Zum ersten Mal in meinem Leben war mir klar: Das ist mein Plan, meine Version der Veränderung und mein Glück!

Ich habe bei L'Oréal damals ohne Sicherheiten für meine Zukunft gekündigt. Ich wusste nicht, in welcher Stadt ich leben würde und was ich genau machen werde. Ich wusste nicht, wie lange meine finanziellen Reserven reichen würden. Aber ich wusste, dass ich gesund und gestärkt alles schaffen kann und dass ich dann wieder die Kraft haben werde, meinen Weg zu gehen. Ich habe mir selbst am allermeisten vertraut und mir sehr viel zugetraut.

Musiktipp
Paradise circus,
Massive Attack

Life Lesson

Aus meiner Sicht ist es nicht möglich, während eines Fulltimejobs, in dem man nicht glücklich ist, eine sinnvolle neue Laufbahn zu planen. Dafür braucht man Zeit und Ruhe. Ich habe oft abends und am Wochenende während meines Fulltimejobs noch geplant, gegoogelt und To-do-Listen geschrieben, wie ich mein Leben verändern möchte und was ich dafür alles brauche. Aber tatsächlich hatte ich während meines Fulltimejobs keinen Kopf und keine Kraft für solche Veränderungen. Ich wurde dadurch nur noch unzufriedener. Ich habe Dinge angestoßen, sie dann aber nicht weiter verfolgen können. Wenn du wirklich etwas verändern willst, verlasse erst deine alte Welt und plane dann die neue. Dann kommt die wirkliche Veränderung. Alles andere ist nur Herumgeplane in der Sicherheitszone.

Das Schwierigste für uns ist immer die Frage, was man denn nun eigentlich genau machen möchte, wenn mein sein Leben verändern will. Die meisten von uns haben den Plan B nicht einfach in der Tasche oder es liegt auch keine offensichtliche Fähigkeit seit Jahren brach, mit der man morgen viel Geld verdienen kann. Plane in kleinen Schritten, habe nicht die Vorstellung, bereits morgen alles verändert, strukturiert und umgesetzt haben zu müssen. Hier einige sehr gute Pläne, um das Leben zu verändern:

- Gesund bleiben oder werden
- Glücklich sein
- Selbstbestimmt leben
- Neues ausprobieren

Sicherlich verlässt du deine Komfortzone, wenn du mit den von mir gerade beschriebenen Plänen arbeitest, aber du wirst in der Geschichte *Go with the flow – Lass dich vom Leben tragen* sehen, dass das Leben dich trägt, sobald du den ersten Impuls für deine Veränderung gesetzt hast.

Happy. Now!

Dein Plan ist der richtige. Es ist dein Plan und deshalb wird ihn auch niemand so gut verstehen und umsetzen können wie du.

Notwendigerweise tauscht man sich bei solch großen Veränderungen im Leben mit der Familie und Freunden und am besten auch einem Coach aus. Aber bitte habe dabei immer im Blick, dass du am Schluss die Entscheidung für dein Glück treffen willst und musst. Die einen wollen dich beschützen, die anderen sind neidisch, die dritten projizieren ihre Ängste auf dich. Hole dir natürlich Meinungen und Tipps ein. Aber ab einem gewissen Zeitpunkt gehe deinen Weg und lasse dich nicht davon abbringen. Schreite mutig und selbstsicher voran. Genieße jeden Schritt in deine neue Zukunft.

Der liebe Gott hat einen Burn-out

Mir ist es ganz wichtig, dass du – wie in der Geschichte *Du musst dein Hamsterrad verlassen* beschrieben – verstehst, dass nur du dir helfen kannst. Niemand sonst. Ich habe sehr lange gebraucht, um das zu kapieren. Es war sehr leicht für mich, die Fehler bei anderen zu suchen und andere für mein Unglück und meine Krankheiten verantwortlich zu machen. Heute weiß ich, dass nur ich Grenzen setzen kann, dass nur ich mich wehren kann, dass ich kommunizieren muss, wenn ich nicht mehr kann. Wenn du zu den sensiblen Perfektionisten gehörst und genauso wie ich damals denkst, dass nur du alles richtig machen kannst und dich niemand ersetzen kann, mach dir bewusst, dass du nur diesen einen Körper hast. Du bist dafür verantwortlich, deinen wunderbaren Leuchtturm zu hegen und zu pflegen – mit bester Ernährung, mit Pausen, Yoga, Stille, frischer Luft und allem, was dich glücklich macht.

Life Lesson

Als ich damals so erschöpft war, erklärte mir eine Freundin: »Der liebe Gott hat einen Burn-out, du bist erst einmal auf dich allein gestellt«. So humorvoll und einprägsam dieser Satz ist, er machte mir klar, dass wir uns nur selbst helfen können. Und unser Leben und die Welt nur so gut gestalten können, wie es jedem Einzelnen von uns mit jedem großen und kleinen Beitrag möglich ist. Und dabei ist es gar nicht wichtig, ob wir an einen Gott glauben, an Buddha, an das Universum. Ich glaube daran, dass diese höhere Kraft, wie auch immer wir sie benennen, uns trägt. Aber dass wir gleichzeitig für uns selbst verantwortlich sind. Es ist ein wundervolles Zusammenspiel von unserer eigenen Energie und der des Universums. Wir müssen deshalb beide Energien hegen und pflegen. Und mit uns, mit der Natur und allen Lebewesen sorgsam umgehen. Nur dann funktioniert das Zusammenspiel der Energien.

Happy. Now!

Ein wichtiges Tool, um auf uns aufzupassen, ist unsere klare Kommunikation. Nur wenn wir sagen, was wir brauchen und was nicht, kann uns geholfen werden.

Wir Yogis gehen davon aus, dass diese Kraft der Kommunikation in unserem fünften Chakra (Energiezentrum) im Halsbereich sitzt, genannt Kehl-Chakra. Hier liegen unsere Fähigkeit für eine ehrliche, effektive Kommunikation, aber auch der Bereich des Zuhörens und unser Potenzial für Stille. Wenn dieses Chakra verschlossen bzw. die Energie dort ins Stocken geraten ist und es uns schwerfällt, zu sagen, was wir brauchen, hilft mir immer das sogenannte Hummelbrummen, genannt Brahmari. Du atmest tief durch die Nase ein, lässt in der Ausatmung den Mund verschlossen und beginnst laut zu brummeln, bis deine Ausatmung zu Ende ist. Dann atmest du wieder tief durch die Nase ein und brummelnd die ganze Ausatmung aus. Ich mache Brahmari am liebsten im Sitzen oder auch gerne in der Vorbeuge. Wenn du ein wichtiges Gespräch vor dir hast, du etwas sagen möchtest, was dir schwerfällt, mach die Übung vorher drei bis fünf Minuten lang. Dein Kehl-Chakra wird frei und dir werden klare Worte aus dem Mund kommen. Deine Stimme wird deutlich und fest sein.

Eine weitere Möglichkeit, um das Kehl-Chakra zu stimulieren, ist das Chanten der Silbe HAM. Sprich die Silbe HAM am besten 108 Mal mit Hilfe einer Malakette für dich oder stelle dafür deinen Timer auf fünf Minuten. Jeden Tag, bis du dich besser und klarer in deiner Stimme fühlst.

Go with the flow – Lass dich vom Leben tragen

Erst nachdem ich L'Oréal verlassen hatte, hatte ich die Muße und die Kraft, mein neues Leben zu planen, aufzubauen und zuzulassen. Und dann kam alles wie von selbst! Das Yogastudio kam auf mich zu. Durch einen Freund kannte ich die damaligen Besitzer des Studios, die schon sehr schnell von der Führung des gerade eröffneten Studios überfordert waren. Ohne mich besonders gut zu kennen, fragten sie bald nach meiner Mitarbeit. Vier Monate später kam auch schon der Tag, an dem sie das Studio abgeben wollten und mir anboten, es zu übernehmen.

Gedanklich war ich damals auf dem Weg nach München, in meine alte Heimat, um dort ein kleines Hinterhof-Yogastudio zu eröffnen und ich wollte erst einmal die Welt bereisen. In Düsseldorf zu bleiben, um dort ein Yogastudio zu eröffnen, war damals definitiv nicht mein Plan. Was habe ich also mit dem Angebot, das *karmakarma*-Yogastudio zu übernehmen, gemacht? Ich habe auf meine Intuition gehört, mit dem Fluss des Lebens zu gehen – und die schrie: Ja, mach es!!! Wider alle Vernunft und gegen den Plan, wieder in der Nähe meiner Familie in München zu leben, habe ich mich für das Studio in Düsseldorf entschieden. Ganz ehrlich, hättest du ein wunderschönes Yogastudio abgelehnt, das dir auf dem silbernen Tablett serviert wird?

War meine Entscheidung vernünftig? Sicher nicht, ich hatte keine Ahnung, wie man ein Yogastudio führt. Zudem wollte ich zurück nach München. Heute weiß ich, dass es die beste Entscheidung meines Lebens war. Ich liebe es, so viele Menschen in meinem Studio mit Yoga verwöhnen und stärken zu dürfen. Ich kann damit viele Menschen glücklich machen und aus ihrem Hamsterrad befreien. Außerdem betrat mein späterer Mann, Matthias, das Studio und wurde dort Yogaschüler. Da wusste ich endlich, warum ich in Düsseldorf geblieben war!

Please
do not worry.
I've got you.
The Universe

Life Lesson

Durch meine Erfahrungen und mein Leben mit Yoga habe ich gelernt, dass das Leben dich trägt. Es ist eine so wunderbare Sache und doch so schwer zu akzeptieren. Das Leben passt auf dich auf und ist kreativer, als du es in deinen kühnsten Träumen sein kannst.

Warum ist es trotzdem so schwer, darauf zu vertrauen, dass das Leben uns trägt? Weil wir Menschen so gerne alles kontrollieren wollen. Denn wir glauben, das gibt uns Sicherheit. Aber das Gegenteil ist der Fall. Wenn wir uns, die Menschen um uns herum und das Leben kontrollieren wollen, gerät alles aus den Fugen. Wir merken, dass nicht alles nach Plan läuft, werden frustriert, ängstlich, unsicher. Und weil diese Gefühle so unangenehm sind, versuchen wir alles noch stärker zu kontrollieren. Das führt zu Neid, Eifersucht, Missgunst und Frustration. Und im schlimmsten Fall verlieren wir unser Vertrauen in die Urkräfte des Universums, in den Fluss des Lebens.

Musiktipp
Dancing on my own,
Calum Scott

Happy. Now!

Erst in dem Moment, in dem ich dem Leben wieder Raum zum Atmen gebe, trägt es mich von ganz alleine. Wichtig ist, zu verstehen, dass du dem Leben Richtungen weisen kannst und dann fließt es wieder von selbst. Du kannst dein Leben nicht kontrollieren, du musst ihm vertrauen. Immer, wenn ich mein Leben zu sehr planen will, rufe ich mir das indische Sprichwort in den Kopf: »Wenn du die Götter zum Lachen bringen willst, erzähle ihnen von deinen Plänen.«

Das Prinzip des Yoga geht davon aus, dass es keinen Stillstand gibt, dass alles permanent in Bewegung, in Veränderung ist. Wir können keinen Moment für immer festhalten und einfrieren. Unser Körper verändert sich mit jedem Atemzug. Unser Geist ebenfalls. Uns trägt der Strom des Glücks.

Im Yoga können wir das sehr gut wahrnehmen. Stell dich in die Position des herabschauenden Hundes (siehe *Räum deine Krimskrams-Schublade auf*), breitgefächerte Sonnenstrahlenhände erden dich, beuge gerne die Knie leicht an, um den unteren Rücken lang zu halten, entspanne den Nacken. Und dann komm in deine tiefe Atmung – durch die Nase ein und durch die Nase aus. Sehr schnell wirst du wahrnehmen, dass die Atmung deine Position permanent verändert. Es gibt nicht den perfekten herabschauenden Hund, den du halten kannst. Mit jedem Atemzug kannst du feststellen, dass dein Körper sich verändert und mit jedem Atemzug musst du deshalb die Position wieder leicht anpassen. Wenn du versuchst, den Atem anzuhalten oder die Position starr halten zu wollen, wirst du merken, wie sich dein Körper verkrampft, du deinen Kiefer anspannst und deine Schultern hochziehst.

Genau das Gleiche passiert, wenn du im Alltag versuchst, eine Situation zu kontrollieren. Sofort entsteht Stress in dir, weil du merkst, dass du eine Situation nicht festhalten oder nicht in deine Richtung lenken kannst. Wenn du mit der Situation weiterfließt, wenn du mit ihr gehst, wenn du darauf vertraust, dass du mit dem Moment mitgehen darfst, wirst du stressfrei von dem Moment getragen. Probiere es aus! Auch hier macht Übung den Meister! Vielleicht entsteht ein anderes Ergebnis als du erwartet hast. Vielleicht ist es auf seine Weise besser, sinnvoller oder aufregender als du es dir jemals vorstellen konntest.

Musiktipp
Walking in the sun,
Pang!

Jetzt ist der perfekte Moment

Wie oft habe ich das schon gehört: »Du hast es gut, du hast dein eigenes Yogastudio, du hast deine Liebe zum Yoga zum Beruf gemacht. Und machst den ganzen Tag nur Yoga. Du kannst dir deine Tage so einteilen, wie du möchtest. Du bist dein eigener Boss ...«

Zwischen meiner ersten Entscheidung, den Weg des Yoga und meines eigenen Studios zu gehen, und dem Erfolg als Yogalehrerin und meinem Studio *karmakarma* liegen viele Jahre, eine fundierte Ausbildung, viel Fleiß, schlaflose Nächte, finanzielle Probleme, leere Kursräume, schwierige Entscheidungen, frustrierende Gespräche und viele weitere Herausforderungen. Was mich zusammengehalten hat, waren mein Traum und mein Vertrauen, dass alles so kommt, wie es sein soll. Aber das Wichtigste dabei war meine Entscheidung, mit all dem zu starten, was ich mir jetzt erarbeitet habe. Und meine alte Welt loszulassen. Mit der Entscheidung für das neue Leben folgten unmittelbar Taten. Nur Überlegungen und Ideen reichen bei Weitem nicht aus. Hier und jetzt. Just start!

Ich habe so viele Bekannte und Schüler, die mir immer wieder die gleichen Geschichten von ihrem unfähigen Boss, von ihren dummen Kollegen, von ihrer Über- oder Unterforderung, von Mobbing in ihrem Konzern ... erzählen. Deshalb die erste und überaus wichtige Frage: Willst du etwas ändern? Dann antworte jetzt mit »Ja«. Oder schweige für immer und lege dieses Buch jetzt und sofort für immer weg.

Alle sagten, das geht nicht. Da kam einer, der wusste das nicht und hat es gemacht.

Du kannst dein Leben jeden Tag neu gestalten, aber du musst es auch tun. Du musst jetzt handeln. Und dabei hilft es nicht, nur zu planen, To-do-Listen zu entwerfen, kleine Notizbüchlein mit Lebensideen voll zu schreiben, zu zaudern, weil zu wenig Geld da ist oder ängstlich nach der perfekten Lösung zu suchen. Und schon gar nicht hilft es, in Selbstmitleid zu zerfließen oder allen Freunden die Ohren vollzujammern und nichts zu ändern. Überlege, plane, hinterfrage, plane neu und dann mach es. Es ist immer ein Sprung ins Ungewisse. Du kannst dich nie perfekt vorbereiten. Es werden immer ungewisse Komponenten auftauchen. Aber das ist doch bitte gerade das Spannende am Leben!

Life Lesson

In all dieser Zeit des Aufbruchs in eine für mich ganz neue Welt haben mir zwei Dinge sehr geholfen:

- Triff Entscheidungen, auch wenn es manchmal die falschen sind. Sie sind nie falsch, aber das verstehst du erst viel später!
- Die Kunst liegt darin, immer wieder aufzustehen.

Meine Stärke ist es, Entscheidungen zu treffen. Ich liebe Veränderungen, und wenn ich merke, dass eine Entscheidung doch nicht so optimal war, kann ich sie jederzeit anpassen oder verändern. Ich habe überhaupt keine Angst, Entscheidungen für mein Leben zu treffen. Ganz im Gegenteil, ich genieße es sogar sehr.

Du kannst für dich üben, Entscheidungen zu treffen. Übe zunächst an kleinen Dingen, dann fällt es dir auch bei großen Dingen leichter, schnell und klar zu entscheiden. Beispielsweise hast du auf zwei Gerichte auf der Speisekarte Lust. Triff spontan die Entscheidung für ein Gericht. Bleib bei der Entscheidung und iss das Gericht mit Freude und Leidenschaft. Du wirst wahrnehmen, dass es ein sehr schöner Moment ist, eine klare Entscheidung getroffen zu haben und diese auch durchzuziehen. Und du wirst auch merken, dass die getroffene Entscheidung es trotzdem zulässt, beim nächsten Mal das andere Gericht zu wählen. Wenn du lernst, Entscheidungen zu treffen, wird dein Kopfkino Stück für Stück ruhiger und du wirst klarer und konzentrierter. Du musst nicht den ganzen Tag irgendetwas abwägen, sondern anhand der Entscheidungen kommst du voran und es verändert sich etwas. Das wird dir helfen, dich im Leben besser zu fokussieren und deinen Träumen näher zu kommen. Und habe auch keine Angst, falsche Entscheidungen zu treffen. Denn es gibt keine falschen Entscheidungen, es gibt nur das Dilemma von nicht-getroffenen Entscheidungen. Probiere es aus!

Ich glaube daran, dass jeder von uns sein Päckchen Mist im Leben zu tragen hat. Niemandem »scheint die Sonne jeden Tag aus dem Arsch«, wie wir Bayern scherzhaft sagen. Trotzdem wirken manche Menschen glücklicher, fröhlicher und ausgeglichener als andere. Ihre Ausstrahlung zieht uns magisch an. Ich habe die Erfahrung gemacht, dass diese Menschen schneller wieder aufstehen als andere. Das heißt nicht, dass sie verdrängen oder Erlebtes ignorieren. Sondern sie betrachten das Erlebte, durchleuchten es, lassen es in der Vergangenheit ruhen und gehen weiter voran. Sie leben im Jetzt. Sehr wahrscheinlich nutzen sie sogar noch die Erfahrung aus dem schwierigen Moment für ihr Leben in der Gegenwart und der Zukunft. Aber sie haften nicht so lange an dem Erlebten. Deshalb: Sei traurig, enttäuscht, wütend und ängstlich über alles, was dir passiert, aber nutze den Moment, um wieder aufzustehen. Packe dafür die erste Gelegenheit beim Schopf.

Happy. Now!

Wenn du den Schritt vom Planen ins Tun gerade nicht schaffst, nimm deine Geschichte, das, was dich gerade im Leben nervt und stresst, mit dem Sprachmemo deines Handys auf und spiele sie dir täglich vor. Das wirkt Wunder. Du wirst deine Leidensgeschichte sehr schnell satt haben und aktiv etwas ändern.

Hier noch eine kleine Geschichte zum perfekten Moment: Ein alter Mönch und ein junger Mönch wanderten eine Straße entlang und kamen irgendwann an einen reißenden Fluss. Der war aber weder besonders tief noch besonders breit und deshalb wollten sie einfach hindurchstapfen. Da näherte sich ihnen eine junge Frau, die schon eine Weile am Flussufer gewartet hatte. Sie war sehr elegant gekleidet, wedelte mit ihrem Fächer, klimperte mit ihren Wimpern und lächelte sie mit großen Augen an. »Oh«, sagte sie, »die Strömung ist so stark und das Wasser ist so kalt. Und wenn mein Kleid nass wird, ruiniert das nur die Seide. Könnte mich vielleicht einer von euch beiden über den Fluss tragen?« Bei diesen Worten ging sie auf den jungen Mönch zu. Nun dachte aber der junge Mönch, dass das Benehmen der Frau ungehörig sei. Er fand sie verwöhnt und unverschämt und dachte, dass sie eine Lektion verdient habe. Deshalb beachtete er die junge Frau nicht und watete einfach durch den Fluss. Doch der alte Mönch zuckte mit den Achseln, hob die junge Frau hoch, trug sie über den Fluss und setzte sie auf der anderen Seite wieder ab. Dann wanderten die beiden Mönche weiter. Obwohl sie schweigend wanderten, war der junge Mönch wütend. Er dachte, dass sein älterer Kollege das Falsche getan hatte, denn er war mit dieser verwöhnten Person so nachsichtig gewesen. Und was noch schlimmer war, er hatte eine Mönchsregel verletzt, da er die Frau berührt hatte. Und während die beiden Mönche so weiterwanderten, ärgerte sich der junge Mönch und schimpfte dabei im Stillen. Schließlich hielt er es nicht mehr aus und tadelte seinen Begleiter mit lauter Stimme dafür, dass er die junge Frau über den Fluss getragen hatte. Er war vor Wut völlig außer sich und sein Gesicht war schon ganz rot angelaufen. »Oje«, sagte der alte Mönch. »Schleppst du diese Frau immer noch mit dir herum? Ich habe sie schon vor einer Stunde abgesetzt.« Dann zuckte er mit den Achseln und wanderte weiter.

Verlass dich auf dich selbst und spring in deine Zukunft

Meistens hält uns der finanzielle Komfort in unserem Job fest. Zu groß ist die Angst, finanziell nicht mehr gesichert zu sein. Die Miete nicht mehr bezahlen zu können. Frage dich an dieser Stelle ganz ehrlich, ob du bereit bist, dich finanziell für die nächste Zeit einzuschränken. Wenn du das nicht bist, ist deine Leidensgrenze noch nicht erreicht.

Dir muss klar sein, dass dich eine berufliche Veränderung oder gar ein beruflicher Cut für die nächsten Monate, sehr wahrscheinlich für mehrere Jahre, finanziell einschränken wird. Als ich damals an dem Punkt angelangt war, bei L'Oréal nicht mehr sein zu wollen, habe ich sehr ehrlich durchleuchtet, für was ich mein monatliches Gehalt gerade ausgebe. Ich war am Wochenende immer Frust-Shoppen und habe mir neue Klamotten gekauft, die mich nur kurze Zeit fröhlich stimmten. Dann verschwanden sie im Schrank. Neben Miete, Versicherungen und Essen habe ich den Rest des Geldes in meinen Urlaub gesteckt, um mich dann nach der teuren, kurzen Erholung wieder etwas gestärkt noch mehr in meinem Job auspowern zu können.

Ich malte mir aus, dass ich keine Frustkäufe mehr bräuchte, wenn ich wieder glücklich bin. Und nicht mehr so teure Urlaube bräuchte, weil ich etwas arbeiten würde, das mich nicht so erschöpft. So brauchte ich nur noch meine Miete, Versicherungen und mein Essen zu stemmen. Das schien mir machbar und machte mich gefühlt sehr viel leichter, als dass es mir Kopfzerbrechen bereitete.

Wie würde es sich anfühlen, meinen schönen großen Firmen-Audi und mein Blackberry abzugeben? Ich beschloss, für die nächste Zeit kein Auto zu brauchen, schließlich wollte ich mich ohnehin wieder fit machen und alle Strecken radeln. Und als Belohnung gönnte ich mir ein privates iPhone. Das hatte ich mir ohnehin schon immer gewünscht. Ich kann dir diesen wunderschönen Moment nur annähernd in Worten beschreiben, als ich an meinem letzten Arbeitstag meinen Firmenwagen und das ständig klingelnde Blackberry abgab. Ich setzte mich auf mein Fahrrad, Flipflops an meinen Füßen, und mit jedem Pedaltritt, der mich vom Firmengebäude entfernte, fühlte ich mich leichter, freier, glücklicher und meine Schultern entspannten sich. Ich war wieder in meiner Gegenwart angekommen. Mir liefen Glückstränen über die Wangen. Ich hatte mir meine Freiheit zurückerobert. Ich glaube, ich bin einfach fünf Stunden weitergeradelt, weil ich vor Erleichterung und Glück gar nicht mehr anhalten wollte. Ein wunderbarer Moment, den ich nie vergesse.

Von meinem Gehalt hatte ich mir ein wenig zur Seite gelegt. Ich verkaufte viele Dinge, die ich nicht mehr brauchte, über eBay, erarbeitete einen Businessplan zur Eröffnung eines Yogastudios, um vom Arbeitsamt die Selbstständigenförderung zu bekommen, ließ meinen Anwalt die Wettbewerbsklausel aus meinem Vertrag mit L'Oréal für eine Abfindung verhandeln und beschränkte mich auf die wesentlichen Ausgaben. Und – oh Wunder – es machte mir nichts aus, mich einzuschränken. Ich genoss meine gewonnene Zeit, um mich zu erholen und zu leben. Jeden Tag ging ich an die frische Luft, machte Sport und Yoga, begann, wieder gesund zu essen und mich wieder unter die Leute zu mischen.

Life Lesson

Da ich kein Finanz- und Zahlengenie bin, habe ich eine Freundin und meinen Steuerberater um Hilfe gebeten. Wir erstellten eine Excel-Tabelle über meine monatlichen Ausgaben und einen Finanzplan für mein Yogastudio. Nimm dir Unterstützung für die Bereiche, die du nicht so gut kannst. Das kann der Finanzbereich sein, aber natürlich auch die Planung an sich oder der Bereich des Loslassens. Du wirst sehen, dass dir viele Menschen sehr gerne helfen, wenn du sie darum bittest. Lerne von Menschen, die deinen Weg bereits gegangen sind, frage sie nach den einzelnen Schritten, lass dich inspirieren, lass dich beraten und hole dir Tipps ein. Wenn du die Augen für deine neue Zukunft öffnest, wirst du merken, dass dich viele dieser Menschen bereits umgeben oder du sie genau in diesem Moment kennenlernst.

Und dann kommt der wichtigste Schritt: Verlass dich auf dich selbst! Denn dir wird es darum gehen, etwas im Leben zu machen, was du gerne machst. Wir alle arbeiten gerne, aber nach unserer Vorstellung, unserem Zeitplan und in unsere Tasche. Auch wenn meine finanziellen Berechnungen nicht nur rosig aussahen, war mir klar, dass ich alles stemmen und schaffen würde. Ich wollte arbeiten, ich wollte wieder powern, aber ich wollte genau wissen, wofür. Ich war und bin komplett überzeugt, dass wir gutes Geld verdienen können, wenn wir das tun, was wir lieben. Verlass dich auf dich selbst. Und dann spring in deine neue Zukunft. Der Rest wird sich fügen.

Happy. Now!

Sei dir bewusst, dass dein Lebensstandard sich verändern wird. Aber mach dir auch klar wofür: Freiheit, Leichtigkeit, Lebensfreude, deine neue berufliche und/oder private Zukunft.

Natürlich ist es bei einer beruflichen und auch privaten Veränderung sehr wichtig, zu durchleuchten, welche finanziellen Mittel und Reserven dir in Zukunft zur Verfügung stehen. Gehe das Worst-Case-Szenario durch: Auto verkaufen, Wohnung verkleinern oder vorübergehend bei Freunden unterschlüpfen, Dinge, die du nicht mehr brauchst, verkaufen, deine Eltern um Hilfe bitten oder die Bank oder das Arbeitsamt. Gehe alle Mittel und Möglichkeiten genauestens durch und errechne, wie viel Geld du mindestens monatlich brauchst.

Musiktipp
All you need is love,
The Beatles

Für die Liebe leben: Love is already a lot

Als ich vor ein paar Jahren meinen Freund Bruce in New York besuchte und er mich fragte, wie es mir geht, antwortete ich kurz, dass meine Liebe und Beziehung mit Matthias wunderbar seien. Und dann legte ich ausschweifend los, was sonst alles in meinem Leben gerade nicht stimmt: beruflich könnte es besser sein, gesundheitlich könnte dies und das schneller gehen, finanziell wäre es gerade so und so ... Er hörte sich meine endlosen Ausführungen zu all meinen Herausforderungen im Leben in Ruhe an. Dann antwortete er ruhig: »Ricci, love is already a lot.« Und lächelte mich an.

Mit diesem Satz hatte er alles auf den Punkt gebracht. Die Liebe ist alles, was zählt. Oder wie der persische Dichter Rumi sagte: Love is the water of life. Nimm dir das, was du an Liebe im Leben gerade hast. Und nimm diese Liebe als das wahr, was sie ist: dein Lebenselixir. Nimm die Liebe zu deinen Eltern, zu deinem Kind, zu deinen Freunden, zu deinem Hund, zu deinem Hobby, zu deinem Zuhause ... nimm das, was gerade an Liebe da ist. Und mach dir diese Liebe bewusst. Wie fühlt sie sich an, was gibt sie dir, in welche Stimmung versetzt sie dich, wie tanzen die Schmetterlinge in deinem Bauch?

Es geht nicht darum, die Liebe zu suchen, sondern vielmehr darum, sämtliche Barrieren zu finden, die wir im Inneren gegen den Ansturm der Liebe aufgebaut haben.

Rumi

Life Lesson

Wenn du dir ein paar Minuten Zeit nimmst, diese vorhandene Liebe wahrzunehmen, zu erspüren, zu ertasten, wirst du merken, dass sie dich komplett ausfüllt. Nimm auch wahr, dass diese Liebe zu jemand anderem aus dem Gefühl entspringt und auch dahin zurückführt, dass du dich selbst liebst. Du bist Liebe. Nimm diese Liebe und zähle dann auf, was sonst im Leben gerade nicht so ganz deinen Vorstellungen entspricht. Du wirst merken, dass die Liebe alles andere überdeckt. Alles andere ins richtige Licht rückt. Und die Liebe der tägliche Motor ist, jeden Morgen aufzustehen.

Happy. Now!

Du liest diese Zeilen und denkst daran, dass die Liebe deines Lebens nicht bei dir ist oder dass du gerade niemanden liebst? Falsch gedacht. Höre auf, in deinem Leben nur das zu betrachten, was dir fehlt, und beginne ab heute, die Fülle in deinem Leben zu sehen.

Welche Menschen sind gerade für dich da, wer und was gibt dir Kraft, wer bringt dich zum Lachen, wo fühlst du dich zu Hause, welches deiner Hobbys lässt dich die Zeit vergessen? Die Liebe setzt nicht unbedingt den perfekten Partner an deiner Seite voraus, sondern das Gefühl, dass du angekommen bist, dass gerade alles gut ist, so wie es ist. Wenn du das verstehst, wird noch mehr Liebe folgen. Von der Liebe ist immer genug da. Nimm dir ein großes Stück davon.

Mach dein Leben größer und bunter

Ich hatte schon ganz oft im Yogaunterricht gehört, dass es wichtig ist, im Leben seine Komfortzone hin und wieder zu verlassen, um Neues zu entdecken, nicht in den alten Mustern hängen zu bleiben. Aber als ich erstmals gesagt bekam, dass es darum geht, die Komfortzone zu verlassen und mir damit eine größere Komfortzone zu schaffen, wurde ich hellhörig. Mir wurde plötzlich klar, dass das, was mir für einen Moment lang unangenehm und neu vorkam, irgendwann so selbstverständlich schön für mich sein würde, wie meine gewohnten Abläufe. Ich würde also viel mehr können, mehr erleben, mehr lernen und mich dabei auch noch wohlfühlen! Das klang unfassbar schön.

Life Lesson

Seitdem habe ich es mir zu Aufgabe gemacht, immer wieder neue Dinge auszuprobieren und zu wagen. Auch Dinge, die mir erst einmal Angst machen. Ich bin allein durch die Welt gereist, ich habe vor großem Publikum Yoga unterrichtet, ich habe vor meinen Schülern Harmonium gespielt und dazu gesungen, ich habe meinen Schülern Yogaübungen vorgemacht, die ich selbst nicht besonders gut kann ... Das Gefühl davor war oft sehr mulmig und auch währenddessen war ich sehr nervös. Aber der Moment danach, wenn man es geschafft hat – und dabei ist es ganz egal, ob es perfekt gelaufen ist –, ist so schön! Man fühlt sich stärker und mutiger als je zuvor. Man hat etwas gemeistert, vor dem man größten Respekt hatte.

Happy. Now!

Es geht nicht darum, jeden Tag außerhalb seiner Komfortzone zu leben, denn das wäre sehr anstrengend. Aber es geht darum, hin und wieder etwas Neues zu wagen, sich auszuprobieren.

Bei mir passiert das quasi automatisch, weil ich ein Mensch bin, der sehr spontan Dinge tut und zusagt, weil ich sehr schnell zu begeistern bin. Und erst, nachdem ich etwas zugesagt habe, beginne ich, darüber nachzudenken, was es bedeutet. Es kann sein, dass es dir ähnlich geht, dann weißt du sehr genau, wovon ich spreche. Dann erweiterst du deine Komfortzone ohnehin bereits sehr häufig.

Wenn es dir schwerfällt, deine Komfortzone zu verlassen, gehe in eine Sportstunde, die du noch nie gemacht hast, die du aber schon immer ein wenig mit Respekt und Neugier beäugt hast bzw. ausprobieren wolltest. Gehe zum Boxen, wenn du eher der Balletttyp bist, gehe zum Schwimmen, wenn du dich eher an Land wohlfühlst, oder nimm deine erste Golfstunde, wenn du es eher nicht so mit Bällen hast. Wie gesagt, es kommt nicht darauf an, dass du das, was du ausprobierst, gleich perfekt kannst, sondern, dass du dich beobachtest, wie es sich anfühlt, dort hinzugehen, etwas Neues zu machen – und das Gefühl danach zu erleben.

Damit du an dieser Stelle genau verstehst, was ich meine, kommt hier meine Geschichte dazu. Du musst dabei vor Augen haben, dass ich eher der rosa Balletttyp und die pinke Prinzessin bin. Ich hatte mir also vorgenommen, mit meinem Mann zum Kickboxen zu gehen. Ich bekam gefährlich anmutende Handschuhe ausgeliehen und durfte mich an einem Kickbox-Sack versuchen. Natürlich waren meine Schläge und Tritte lachhaft weich und viel zu liebevoll. Deshalb versuchte ich, wenigstens böse zu schauen. Und dann kam das Schlimmste: Als kleines Zwischenspiel schlug der Trainer Rugby vor. Hierzu sei erwähnt, dass ich vor Bällen grundsätzlich wegrenne und in der Schule beim Völkerball immer als Letzte ins Team gewählt wurde. Panik stieg in mir auf. Ein-, zweimal versuchten mir meine Mitspieler, den Ball zuzuwerfen, aber natürlich ließ ich ihn fallen. Ab diesem Zeitpunkt war ich raus aus dem Spiel, niemand integrierte mich mehr. Ich schwitzte und schmollte!

Musiktipp
One,
Sheila Chandra

Aber ich versuchte, der Schnelligkeit des Spiels standzuhalten. Und da war mein Moment, eine Mitspielerin kam nicht umhin, mich anzuspielen, ich fing den Ball, stolperte und hatte es wieder versiebt. Ich war wütend und traurig. Nach dem Spiel kam der Trainer auf mich zu und sagte mir, dass er noch nie eine so zauberhafte Elfe auf einem Spielfeld gesehen hatte. Na wenigstens hatte ich für Unterhaltung gesorgt! Geknickt ging ich nach Hause. Aber ich hatte so viel begriffen, ich hatte verstanden, dass es tief in mir immer noch eine Verletzung gab, dass ich damals immer als Letzte im Sportunterricht ins Team gewählt wurde. Und ich hatte auch begriffen, dass ich nicht alles auf dieser Welt können muss und mich als Fee unter Boxern sehr gut geschlagen hatte. Ich war erschöpft und stolz auf mich!

In der Yogapraxis gibt es genau deshalb Asanas, die sehr viel Kraft und Mut erfordern, wie beispielsweise den Kopfstand. Es geht nicht darum, diese Positionen zu erlernen, um auf Instagram tolle Beweisfotos zu posten, wie cool man in engen Leggings in dieser Pose aussieht. Sondern es geht bei dem Erlernen dieser Asanas darum, die Komfortzone zu verlassen und zu erweitern. Es ist ein mutiger Schritt, im Kopfstand die Welt auf den Kopf zu stellen und die Füße vom Boden abzuheben. Selbst die Zwischenschritte, um die Kraft aufzubauen, um diese Posen zu erlernen, sind große Erfolge für die Schüler. Und genauso wichtig ist es für jeden Schüler gerade im Versuchen dieser Asanas, seine Grenzen zu akzeptieren. Und zusätzlich geht es darum, zu beobachten, was mit dir passiert, wenn du die Asanas noch nicht erreichen kannst. Was sagt das Ego dazu, was macht der Atem in diesem Moment. Yoga ist einfach nur wundervoll! Weil es Leben ist!

Schreib mir deine Erlebnisse auf Instagram *sogehtgluecklichsein* und wir machen uns gegenseitig Mut für neue Abenteuer.

Finde heraus, was du liebst und kannst

Prinzessin und Lehrerin

Meine Lieblingsgeschichte für meine Yogaschüler ist, dass ich als Kind immer Prinzessin und Lehrerin werden wollte. Und genau das bin ich geworden. Prinzessin, weil mich das Leben trägt und weil ich gerne Mädchen und Frau bin und auf pinken Schnick-Schnack und Glitzer stehe. Lehrerin, weil ich jeden Tag meinen Schülern meine Liebe und mein Wissen über Yoga weitergeben darf. Als Kind habe ich mich gerne als Prinzessin oder Ballerina verkleidet und bin durch den Garten geschwebt. Den Rest der Zeit habe ich meine Schwester auf unsere kleine Schulbank verdonnert und sie musste mit mir an unserer Spieltafel Aufgaben lösen. Ich habe es geliebt. Meine Schwester fand es so lala.

Wenn ich allein spielte, gab es noch einen weiteren sehr tiefen Wunsch in mir. Ich wollte Verkäuferin sein. Ich notierte meine Spielsachen und Lieblingsobjekte in einem Kassenbuch, verkaufte sie gedanklich an Kunden und packte sie in Tüten. Ich spielte *Kambli*. So hieß der Schreibwarenladen in unserem Wohnort. Das konnte ich Stunden spielen, dabei liebte ich das Beraten der Kunden, das akribische Notieren meiner Verkäufe und das Verpacken der verkauften Ware.

We were born to make manifest the glory of God that is within us. It's not just in some of us; it's in everyone. And as we let our own light shine, we unconsciously give other people permission to do the same. As we are liberated from our own fear, our presence automatically liberates others.

Marianne Williamson

Life Lesson

Über viele Jahre hatte ich vergessen, was ich als Kind so gerne gespielt hatte. Ich hatte auch gar nicht darüber nachgedacht, dass das irgendwann noch einmal von Bedeutung für mich sein würde. Erst in einem Gespräch mit meiner Schwester, in dem sie mir noch einmal sagte, wie klar ich damals als kleines Kind in meinen Vorstellungen und Wünschen gewesen war, verstand ich, dass ich zu diesen Wünschen und Träumen wieder zurückkommen musste. Ich musste wissen, was ich damals wollte, um diese Wünsche in das Heute zu transportieren.

Als Yogastudio-Besitzer ist man nicht nur Yogalehrer, sondern selbstverständlich auch Lebensberater und Verkäufer. Ich berate meine Kunden jeden Tag: von der optimalen Yogaart bis hin zum Trainingsplan und Coaching für jeden Einzelnen. Und natürlich kümmere ich mich auch darum, dass sich unsere Kursprogramme gut verkaufen. Unser kleiner Yogashop mit Yogamatten, Yogakleidung, Tee und kleinen Geschenken hat sich zu meinem kleinen *Kambli* entwickelt. Es macht mir sehr viel Spaß, die Ware für den Shop auszusuchen, unsere eigene Yogalinie zu gestalten – und selbstverständlich auch Umsatz zu machen und die Verkäufe in unser Kassenbuch einzutragen. Ganz wie früher als Kind!

Musiktipp
Memory gospel,
Moby

Happy. Now!

Wenn du nicht weißt, wohin deine Reise gehen soll, was du lieber machen möchtest als deinen aktuellen Beruf, wenn du feststeckst ... dann gehe zurück in deine Kindheit.

Ich liebe Kinder für ihre Klarheit. Das beobachte ich schon mein ganzes Leben lang. Mein Sohn Liam, ein echter kleiner kämpferischer Löwe, zeigt mir das jeden Tag aufs Neue. Kinder sind so ehrlich in dem, was sie lieben und was nicht, was sie wollen und was nicht, wo sie hingehören und wen sie mögen. Sie sind so rein und unverfälscht. Unsere Klarheit verfälscht sich, während wir erwachsen werden, wenn wir erklärt bekommen, was man zu tun und zu lassen hat, was die gesellschaftlichen Anforderungen sind, was die Leute denken oder wie man sich zu benehmen hat. Aber selbst, wenn sich diese Klarheit über die Jahre vernebelt, können wir uns wieder bewusst zurückbesinnen. Denn in dieser unverfälschten Klarheit liegt unser reines Ich. Unser reines Ich ist losgelöst von unserem Namen, von unseren Beziehungen, von unserem Jobtitel, von unseren gesellschaftlichen Verpflichtungen. Es ist pur und rein und 100 Prozent echt.

Was hast du früher am liebsten gespielt? Was war dein Kostüm im Fasching? Warst du lieber draußen oder drinnen? Hast du lieber alleine gespielt oder immer mit anderen Kindern? Warst du der Bandenführer? Warst du kreativ und hast neue Spiele erfunden? Hast du viel gemalt, warst du sportlich? Hast du schon an deinem ersten Gokart getüftelt und nichts so gelassen, wie es ist? Hast du deine Puppen frisiert und gestylt? Hast du dein Kinderzimmer schön gestaltet? Jede kleine Einzelheit ist wichtig.

Gehe zurück in deine Kindheit, so gut du kannst. Frage deine Eltern, Verwandten und Freunde darüber aus. Betrachte deine Fotos von früher. Manchmal hilft es, wenn du mit Kindern spielst, um deine Erinnerungen aufzufrischen. Das ist ein ganz wichtiger Prozess, wenn du weißt, dass du etwas verändern möchtest, aber noch nicht genau weißt, was du als Nächstes machen möchtest.

Today I´m a mermaid, tomorrow I will be a unicorn.

Verliere Zeit und Raum

Wenn ich Yoga unterrichte, werde ich selbst ganz ruhig. Ich bin sehr fokussiert und habe meinen Blick auf jedem Schüler. Ich nehme mich selbst mehr und mehr zurück und gebe jedem Schüler den Raum, den er braucht, um sich zu entfalten. Ich kann vor dem Unterricht noch so gestresst sein … In dem Moment, in dem ich mich vor meine Schüler setze und mit meiner kleinen Geschichte den Unterricht beginne und die ersten drei »Ohm« chante – also singe –, wird mein Atem ruhig und meine Energie fließt in jede Pore meines Körpers. Meine Stimme wird zu einer ruhigen Yogaunterrichtsstimme.

Ohne dass ich den Unterricht mitmache, weiß ich genau, was die Gruppe in dem Moment braucht. Obwohl ich mir vorher immer das Thema und die passenden Übungen für die Stunde genau überlege, spüre ich in dem Moment, was ich anpassen und verändern muss. Etwas leitet mich. Ich unterrichte, was mir in dem Moment von einer höheren Kraft vorgegeben wird und was sich richtig anfühlt. Ich verliere während des Unterrichtens Zeit und Raum und komme auf eine gewisse Weise erst wieder zu mir, wenn die 90 Unterrichtsminuten vorbei sind. Oft kann ich nicht genau wiederholen, welche Asanas ich an diesem Tag in welcher Reihenfolge kombiniert habe. Genauso magisch wie es aus mir herausspringt, habe ich es dann auch schnell wieder vergessen. Ich unterrichte nicht nur, ich bin in diesem Moment der Fluss der Bewegungen und Atemzüge, die ich anleite.

Life Lesson

Erst nach vielen Jahren des Unterrichtens habe ich realisiert, was mit mir in dem Moment, in dem ich in die Yogalehrerrolle schlüpfe, passiert. Ich wollte mir erst nicht eingestehen, wie leicht es mir fällt und wie magisch es sich anfühlt. Ich dachte, dass ich vielleicht ein bisschen oder sogar sehr verrückt bin. Bis ich begriffen habe, dass es etwas ganz Besonderes ist. Ich bin der Kanal, der den Unterricht und das, was ich über Yoga und das Leben bisher begriffen habe, weitergeben darf. Der Input kommt quasi von oben. An welches Höhere, Größere jeder von uns auch glaubt. Das ist ein wunderbares Gefühl.

Happy. Now!

Dieses Gefühl, Raum und Zeit bei einer Tätigkeit zu verlieren, ist ein weiterer Trick um herauszufinden, was du gerne beruflich machen möchtest.

Frage dich zunächst, was du am besten kannst. Sei ganz aufrichtig mit dir: Frage dich nicht, was du gerne am besten können möchtest! Frage dich wirklich, was du gut kannst, was dir leicht von der Hand geht. Befrage dazu auch gerne deine Familie und Freunde: welche Fähigkeiten sie besonders an dir schätzen, auf welchem Gebiet sie dich um Rat fragen, was dir heute und eventuell schon als Kind leicht von der Hand ging.

Herauskommen beispielsweise Dinge wie Schreiben, Kochen und Networken. Frage dich dann ganz ehrlich, was dir von diesen drei Dingen besonders leichtfällt. Und was du davon am meisten liebst. Du merkst, dass du eine Tätigkeit besonders liebst, wenn du dabei Zeit und Raum verlierst. Dich bei dieser Tätigkeit wie ein Kind ins Spielen oder ins Lesen verlierst, sodass du komplett die Zeit vergisst. Selbst wenn jemand neben dir gerade deine Lieblingsplätzchen backen würde, bist du so in deine Sache vertieft, dass dich der Duft der Plätzchen nicht von deiner Tätigkeit abbringen würde. Wenn du diese eine Sache herausfindest, bei der du Zeit und Raum verlierst, ist es ganz wichtig diese Lieblingsbeschäftigung zum Beruf zu machen. Nur dann wirst du glücklich sein. Denn wir arbeiten alle sehr viel, und deshalb macht es nur Sinn, etwas zu arbeiten, das wir lieben. Dann werden wir auch damit erfolgreich sein und das für uns nötige Geld damit verdienen. Klingt einfach? Ist es auch.

Ich kann beispielsweise besonders gut Yoga, Schreiben und Networken. Beim Yoga und beim Schreiben verliere ich Raum und Zeit. Was ist also die einzig sinnvolle Schlussfolgerung für meinen Beruf? Schreibende Yogalehrerin.

Was ist dein Seepferdchen?

Als Kind hatte ich immer sehr schnell Ohrenentzündungen, deshalb durfte ich fast nie zum Schwimmunterricht gehen. Das Ergebnis: Ich war viele Jahre ein sehr mittelmäßiger Schwimmer und bin mit 21 Jahren fast im Meer ertrunken. Und das Schlimmste: Ich habe damals das Seepferdchen nie machen können und durfte dieses wunderschöne Abzeichen nie auf meiner Badehose tragen. Ich habe diese Geschichte damals meinem Mann erzählt, als wir uns kennenlernten. Er ist Triathlet und Ironman. Er fasste sich ein Herz und hat mit mir über Wochen Schwimmen trainiert und mir mit viel Geduld und Liebe die Technik des Schwimmens und Kraulens vermittelt. Aber das Schönste für mich: Er hat mir ein Seepferdchen auf meine Badehose genäht, mit der ich seitdem sehr stolz ins Schwimmbecken steige. Kein anderes Geschenk hätte mich glücklicher machen können als dieses süße Seepferdchen.

Life Lesson

Aus dieser Geschichte habe ich gelernt, dass es manchmal versteckte Fähigkeiten gibt, die wir gar nicht leben oder erlernen konnten. Sei es, dass wir als Kinder dafür gesundheitlich nicht in der Lage waren oder unseren Eltern das nötige Geld dafür fehlte oder die Zeit, uns zu einem Hobby zu begleiten. Manchmal wurde unser Wunsch, ein Hobby oder eine Fähigkeit zu erlernen, vielleicht einfach nicht gehört, da wir selbst nicht genau wussten, ob das nun wirklich wichtig für uns ist und nicht insistiert haben. Aber wenn wir uns Zeit nehmen, uns hinsetzen, tauchen solche vergessenen Dinge, Wünsche, Gelüste und Gedanken ganz hinten in unserem Kopf wieder auf.

Ich wollte tatsächlich mein Leben lang ein guter Schwimmer sein, weil ich immer noch vorhabe, im Meer mit Delfinen zu schwimmen. Und einer meiner größten Träume ist es seit jeher, Wellenreiten oder Kitesurfen, also einen Wassersport, ganz nah mit den Wellen verbunden, zu erlernen.

Ich bin auf dem Weg, meine Panik vor dem Meer zu überwinden. Und das ist bereits ein wunderbares Gefühl. Manchmal gleite ich beim Kitesurfen durch den Wind und strahle mit der Sonne um die Wette. Zum Beruf haben diese neu erlernten Fähigkeiten bei mir nicht gereicht. Aber das kann bei dir ganz anders sein. Meine erste Yogalehrerin beispielsweise hat mit 60 Jahren Yoga erlernt. Mit 80 Jahren war sie eine der besten Yogalehrerinnen, die ich kennenlernen durfte. Lebe deinen Traum, es ist nie zu spät!

Ich halte es für sehr wichtig, dass jeder von uns herausfindet, wofür er brennt, was seine Leidenschaft, sein Hobby ist. Wenn ich meinen Mann beobachte, wie glücklich er ist, wenn er Kitesurfen gehen kann ... Wenn er sich die Zeit dafür in seinem Terminkalender freischaufelt und der optimale Wind aufkommt ... Er hat dann dieses glückliche Gesicht, wie ein Kind, das mit seinem liebsten Spielzeug spielt. Aber auch an mir selbst kann ich das Glück über mein Hobby, meine Leidenschaft sehr gut beobachten. Wenn ich zum Yoga gehen darf, laufe ich nicht dorthin, ich tanze den Weg entlang. Voller Vorfreude, mich im Fluss des Atems bewegen zu dürfen, Zeit für mich zu haben, neue Energie zu tanken. Nach der Yogastunde möchte ich diesen Moment ganz für mich behalten, ich möchte mit niemand sprechen, ich möchte es einfach nur genießen, wieder ich zu sein. Probiere dich aus: vom Musizieren über Malen, Boxen und Tanzen bis zum Theaterspielen und Schreiben. Finde dein Hobby und genieße die Zeit mit dir und für dich. Jeder braucht eine solche Leidenschaft, um sich auszutoben und wieder Kind sein zu dürfen.

Don't worry about failures,
worry about the chances you miss
when you don't even try.

Happy. Now!

Was ist dein Seepferdchen? Was wolltest du schon immer erreichen, haben, bekommen und hast es dir bisher nicht zugetraut?

Oft sind es kleine Dinge aus unserer Kindheit, die wir gerne nachholen wollen. Etwa eine Reise zum Ponyhof, weil du damals eigentlich schon reiten lernen wolltest. Oder du wolltest Kampfkunst erlernen, wurdest aber zur Ballerina erzogen. Du wolltest Klavier spielen, zu Hause waren dafür aber nicht die nötigen Mittel da. Vielleicht schlummert in dieser vergessenen, nicht geförderten Tätigkeit deine neue Berufung. Oder es wird ein wunderbares neues Hobby. Gönne dir den Moment, das nachzuholen. Selbst wenn dieses neue Hobby nicht dein neuer Beruf wird, sondern dich einfach nur glücklich macht. Du wirst so strahlen wie ein Kind!

Dein Lifeboard

Um deine Träume zu manifestieren und das Universum zu bitten, dir dabei zu helfen, halte ich es für eine gute Technik, ein Lifeboard über alle deine Träume und Wünsche zu erstellen. Nimm dir ein großes Blatt Papier oder eine große Malleinwand und beginne damit, Worte, Zeichnungen, Fotos aus Magazinen, Fotos aus deinem Leben, Bilder aus dem Internet etc. auf deinem Lifeboard aufzukleben und aufzuschreiben, was dir an Wünschen und Träumen wichtig ist. Ich habe damals beispielsweise während meiner Yogalehrerausbildung in New York ein Haus und ein Yogastudio aufgeklebt, umgeben von Blumen und Strand und Meer. Dazu einen eigenen kleinen Laden mit selbst gemachten Köstlichkeiten und einen Partner an meiner Seite, der das Leben, Reisen, die Sonne und Yoga genauso liebt wie ich. Da ich nicht gut zeichnen kann, habe ich aus vielen Magazinen schöne, inspirierende Fotos ausgeschnitten und aufgeklebt und damit über Wochen mein bunt gestaltetes Lifeboard mit all meinen Träumen erstellt.

Sei dabei so genau wie möglich. Es ist ein Unterschied, ob du dir viel Geld wünschst. Oder ob du dir genug Geld wünschst, um dir ein Leben am Meer und in Freiheit aufbauen zu können. Oder um durch die Welt reisen und sorgenfrei leben zu können. Oder um für deinen Ruhestand gesichert zu sein. Das Universum braucht klare Worte und Bilder, um dir helfen zu können. Konzentriere dich darauf, wie es an dem Ort aussieht, an dem du leben möchtest, wie es dort riecht und schmeckt. Konzentriere dich auf alle deine Sinne, um bei der Erstellung deines Lifeboards so genau wie möglich sein zu können. Und das Universum versteht kein »Nicht«. Formuliere also alle deine Wünsche in positiver Form.

Life Lesson

Wenn du dein Lifeboard fertiggestellt hast, kommt der vielleicht schwierigste Moment. Jetzt musst du all das komplett loslassen und vertrauen, dass das Universum sich darum kümmern wird. Es macht überhaupt keinen Sinn, sich nun einen großen Stress daraus zu machen, wann und wie deine Träume endlich erfüllt werden. Du musst gelassen bleiben und die Dinge loslassen. In dem Sinne, dass du dir sagst, dass es schön ist, wenn diese Träume in dein Leben kommen und du darauf vertraust, dass es so sein wird. Du dir aber auch ganz klar sagst, dass dein Leben auch ohne diese Träume gut ist, so wie es ist.

Als ich damals in New York mein Lifeboard erstellt habe, kannte ich alle diese Techniken noch gar nicht so genau. Aber mir hat das Universum auf seine Weise klargemacht, dass ich die auf meinem Lifeboard manifestierten Träume nun loslassen soll. Eine Bekannte übernachtete bei mir. Sie hat in der Nacht schlafwandelnd mein Schlafzimmer mit der Toilette verwechselt, einfach auf mein Lifeboard gepieselt, ihr Höschen wieder hochgezogen und ist wieder zurück in ihr Bett getrappelt. Ich war sprach- und fassungslos. Zum einen wusste ich bis dahin nicht, dass es Schlafwandler wirklich gibt, zum anderen hatte ich mein Board über so viele Wochen mit viel Liebe erstellt, dass ich unglaublich sauer und traurig war, dass es nun zerstört war. Viele Wochen habe ich mich gefragt, ob ich ein neues Lifeboard erstellen sollte, vielleicht waren es noch nicht die richtigen Wünsche. Heute weiß ich: Es war die Ansage des Universums, nun alles seinen Weg gehen zu lassen und dem Leben zu vertrauen. Aber das habe ich erst sehr viel später verstanden. Ihr seht also, das Universum versteht genau, wann ihr für etwas Hilfe braucht.

I have a plan. Do you trust me?

The Universe

Musiktipp
Storm,
Lifehouse

Happy. Now!

Wenn du dein Lifeboard fertiggestellt und losgelassen hast, geht es darum, auf Zeichen, Zufälle und Begebenheiten zu achten, die dich deinen Träumen näher bringen können.

Vertraue darauf, dass alles zu dir kommt, was zu dir gehört. Achte auf die kleinen und großen Zeichen, die das Universum dir schickt. Deine Intuition wird dich leiten. Du darfst dich dabei nicht zu sehr an konkreten Vorstellungen aufhängen. Lass den Plan offen und sich selbst formen. Ich hatte damals die sehr konkrete Vorstellung von einem Yogastudio in München oder am Meer, habe mich aber darauf eingelassen, das mir auf dem goldenen Tablett servierte Yogastudio in Düsseldorf zu übernehmen und dieses mit Yoga-Retreats ans Meer und in die Sonne zu verbinden. So hatte ich Abweichungen zu meinen Plänen zugelassen.

Es gibt dazu eine sehr schöne Geschichte: Während einer Sturmflut auf einer Insel versuchten alle Bewohner, sich in Sicherheit zu bringen – bis auf einen. Dieser sagte: »Ich vertraue auf Gott. Er wird mich retten.« Da kamen die Nachbarn und boten ihm einen Platz in ihrem Auto an. Er aber lehnte ab und sagte wieder, dass Gott ihn retten werde. Das Wasser stieg immer höher und überflutete inzwischen das Erdgeschoss des Hauses. Da kam ein Boot vorbei und die Insassen riefen: »Steig ein, wir bringen dich in Sicherheit.« Der Mann aber antwortete: »Nein danke, Gott wird mich schon retten.« Das Wasser stieg weiter und der Mann kletterte auf das Dach. Es kam ein Hubschrauber vorbei, der eine Leiter zu ihm runterließ. Der Mann lehnte auch diese Hilfe ab und beharrte darauf, dass Gott ihn retten werde. Kurz darauf wurde er von den Wassermassen fortgespült und ertrank. Im Himmel angekommen, beschwerte er sich bei Gott, dass er nicht von ihm gerettet wurde. Gott antwortete: »Ich habe dir ein Auto, ein Boot und einen Hubschrauber geschickt. Was hätte ich deiner Meinung nach noch tun sollen?«

Jeder kann singen

Als ich in der zweiten Klasse war und im Religionsunterricht voller Inbrunst und Liebe mit allen Schülern gemeinsam sang, stoppte mich unser Lehrer und sagte mir, dass ich entweder aufhören sollte zu singen oder vor der Tür weitersingen sollte. Mein Gesang sei grauenvoll. Bis dahin hatte mir noch nie jemand gesagt, ob ich singen kann oder nicht. Deshalb war ich überzeugt gewesen, es zu können. Und niemand hatte mir jemals beigebracht, wie Singen eigentlich geht. Auch dieser Lehrer machte nicht den Versuch.

Ab diesem Moment war natürlich alles anders. Ich war überzeugt, dass ich nicht singen kann, ging traurig nach Hause und sang ab diesem Tag nur noch im Stillen für mich. Bis meine Freundin Steffi mir beim Frühstücken dreißig Jahre später die Welt erklärte: »Ricci, jeder kann singen«. Diesen Satz musste ich erst einmal sacken lassen. Aber mehr und mehr verstand ich, dass mir ja auch noch nie jemand beigebracht hatte, wie Singen geht und das etwas Kreatives wie Singen einfach auch Interpretationsspielräume zulässt. Ich versuchte mich seit diesem Tag hin und wieder im Singen und nahm ein paar Harmonium- und Gesangsstunden, um in meinem Yogaunterricht mit meinen Schülern chanten zu können. Am Anfang war ich noch etwas schüchtern mit meiner Stimme, aber je mehr der Lehrer mir erklärte, wie ich meine Stimme einsetzen kann, und er von meiner Stimme sehr begeistert war, umso mutiger wurde ich. Am Schluss spielte ich glücklich auf dem Harmonium und trällerte dazu meine Mantren in Sanskrit. Es beamte mich völlig weg. Ich verschmolz mit der Musik und hatte vor allem unglaublich viel Spaß dabei. Meine Gesangsstunden waren das Schönste, was ich je hatte. Eine absolute Befreiung für mich und meine Stimme.

Die Krönung von allem war, dass ich auf einer unserer Yogareisen tatsächlich mit meinem Mann zusammen einen Kirtan gab, eine Art yogischen Mantren- und Gesangsabend. Glaubt mir: Wenn ich vor Publikum singen kann, könnt ihr alles, was ihr wollt.

You are allowed to be both: a masterpiece and a work in progress simultaneously!

Musiktipp
Wanting memories,
Sovoso

Life Lesson

Dieses Kapitel ist mir besonders wichtig, weil es erklärt, dass jeder Mensch das kann und werden kann, was er möchte. Und dass einem trotz Hindernissen alles möglich ist. Im Umkehrschluss kann eine dumme, unpassende Bemerkung dazu führen, dass wir denken, etwas nicht zu können. Und es vielleicht nie wieder ausprobieren. Viel zu schnell werden wir oft von Unwissenden, die uns ihre Meinung unbedingt aufdrängen wollen, bewertet. Und wir nehmen diese Meinung als gegeben hin. Ich hatte dreißig Jahre nicht mehr daran gezweifelt, dass ich nicht singen kann. Schließlich hatte das ja ein Lehrer zu mir gesagt.

Happy. Now!

Wichtig ist, sich jemand zu Hilfe zu nehmen, der an dich glaubt. Am besten dich selbst! Und einen guten Lehrer, der dir die Technik dazu erklärt. Du kannst alles lernen: malen, singen, denken, kreativ sein, gestalten, tanzen, loslassen. Vertraue auf dich und dein Potenzial.

Musiktipp
Gold angel,
Minke

Sei stolz auf dich, mach dich groß

Ich finde es ist eine typisch deutsche Erfindung, sich selbst eher zurückzunehmen, von Erfolgen nichts zu erzählen, Geld im stillen Kämmerchen zu scheffeln, sich selbst eher klein zu machen als groß. Erst in meiner Yogalehrerausbildung in New York habe ich gelernt, dass es okay, ja sogar gesund ist, stolz auf sich selbst zu sein, sich zu loben, wenn man etwas gemeistert hat. Sich einfach am Abend mal selbst für den gelungenen Tag auf die Schulter zu klopfen.

Life Lesson

Es ist sehr wichtig zu lernen, dass wir stolz auf uns sein dürfen und dass wir das auch genießen dürfen. Damit meine ich nicht, dass wir den ganzen Tag wie ein angeberischer Prahler jedem erzählen sollen, wie toll wir sind. Aber ich finde, man darf seine Erfolge erzählen, man darf über Geld reden, man darf sich austauschen und sich dadurch gegenseitig inspirieren.

Und das gilt auch im stillen Kämmerchen ganz für dich: Es gibt dir ein wunderbares Gefühl, wenn du dir Zeit nimmst und dich für die Dinge, die du gerade im Leben meisterst, zu loben und dir zu danken, dass du jeden Tag so mutig aufstehst und dein Bestes gibst. Niemand hat etwas davon, wenn du dich klein machst.

Im amerikanischen Schulsystem wird bereits sehr früh gefördert, dass sich jeder groß machen darf, Raum einnehmen darf, jeder eine wunderbare, ganz eigene Persönlichkeit ist. Zurückblickend an meine deutsche Schulzeit kann ich mich erinnern, dass es eher gefördert wurde, wie alle zu sein, nicht aus der Klasse herauszuragen, bei einer guten Note eher Stillschweigen zu bewahren. Und schon gar nicht durfte ich meinen Lehrern erzählen, dass ich aus Grünwald komme. Denn aus Grünwald kommen die Bonzenkinder. Die mochte man nun wirklich nicht gerne. So habe ich von Anfang an gelernt, mich eher klein zu

And if I asked you to name all the things that you love, how long would it take for you to name yourself?

machen, um nicht aufzufallen, um möglichst wenig angreifbar zu sein. In meiner Ausbildung in New York ist mir aufgefallen, wie stolz jeder einzelne von seinen Erfolgen berichtete und wie jeder seine Persönlichkeit lebte, ohne dabei protzig zu wirken. Ich fand es wunderbar, diese Stärken meiner Mitschüler kennenzulernen – so viel konnte ich von ihnen und ihren Erfolgen lernen und auf mich übertragen.

Happy. Now!

Schreibe mindestens zehn Eigenschaften auf, die dich ausmachen. Was die Menschen, die dich umgeben, an dir lieben. Warum deine Freunde in einem Notfall genau dich anrufen und um Hilfe bitten. Warum du sehr gerne mit dir selbst befreundet sein möchtest. Was macht dich einmalig? Lege dir diese Liste neben dein Bett und lies sie zum Einschlafen jeden Abend durch. Erweitere diese Liste nach Belieben und Lust.

Selbstliebe und Selbstzeit

Du bist ein Schmetterling

Mindestens zweimal im Jahr gehen meine Schwester und ich »unsere Flügel ausschütteln«. Das haben wir von unserer Mutter so gelernt, und dieses Ritual hat definitiv nichts mit Silvester und Neujahrsvorsätzen zu tun. Unsere Mutter hat uns als Kindern erklärt, dass wir Schmetterlinge sind und wenn uns jemand schwer auf unseren Flügeln liegt, müssen wir ihn mit diesem Ritual abschütteln.

Du kennst diese Menschen? Nennen wir sie Energiesauger. Du triffst dich mit ihnen und stärkst ihnen den Rücken, gibst ihnen gute Laune, hörst ihnen zu, berätst sie ... Und du kommst ganz müde und erschöpft von deinem Treffen nach Hause. Du musst sofort schlafen gehen. Der Energiesaugerfreund schreibt dir noch auf dem Weg eine Dankes-SMS, dass es immer so schön mit dir ist und du so eine tolle Inspiration bist und eine wunderbare Energie hast. Ja schon!!! Aber die ist jetzt nach dem Treffen leer gesaugt und du brauchst mindestens zwei Tage, um sie wieder aufzufüllen. Schüttle diese Energiesauger wirklich bewusst ab. Schüttle die Arme aus, lass sie mit dem Wind davonfliegen und tanze wild am Strand. Ob du dann wirklich die Freundschaft beendest, eine klare Ansage machst oder dich sanft zurückziehst, wird sich zeigen. Aber mit dieser Geste machst du für dich klar, wer zu schwer auf deinen Flügeln lastet.

Wann immer du das Gefühl hast, dass jemand oder etwas schwer auf deinen Flügeln lastet, gehe raus an die Luft, an einen Ort, an dem du frei sein kannst. Optimal dafür sind ein windiger Tag, ein See oder das Meer in der Nähe. Da schüttelt es sich am besten! Oder du tanzt im Schnee, das ist auch herrlich befreiend. Nimm zum Schütteln nur Menschen mit, die mindestens so verrückt sind wie du und die du wirklich um dich haben möchtest. Auch alleine schütteln funktioniert super.

You were born with potential. You were born with goodness and trust. You were born with ideals and dreams. You were born with greatness. You were born with wings. You are not meant for crawling, so don't. You have wings. Learn to use them and fly.

Rumi

Life Lesson

Ich bin nicht mit Yoga oder einer religiösen oder spirituellen Erziehung groß geworden. Meine Eltern haben mir das mitgegeben, was sie vom Leben wussten und verstanden. Und als Kind übernimmt man nur zu gerne Dinge, die Spaß machen und die einem Leichtigkeit verschaffen. Ohne als Kind damals genau den Sinn hinter diesem Ritual zu verstehen, mochte ich die Tage so sehr, an denen wir gemeinsam »schütteln« gingen. Wir machten uns auf den Weg in die Natur, ans Meer oder an den See. Und tanzten mit meiner Mutter wild umher, schüttelten uns, schrien, sangen, lachten und fielen irgendwann erschöpft in die Wiese oder in den Sand. Ich spürte förmlich, wie ich leichter wurde. Auch meine Mutter und meine Schwester sahen nach dem Flügelschütteln so fröhlich und entspannt aus. Es waren wunderschöne Tage! Unsere Energie hatte sich verändert.

Musiktipp
Shake it out,
Florence and
the machine

Durch dieses Ritual wurde mir auch schon früh klar, wen ich als Freund in mein Leben lassen wollte und wen nicht. Denn es ist viel schwerer, jemand, der unsere Energie wegsaugt, aus dem Leben zu schütteln, als ihn gar nicht erst in unser Leben zu lassen. Vermeide negative Energie und wenn die Stimme deines Herzens dich vor einer Freundschaft warnt, solltest du ihr unbedingt Folge leisten.

Viele von uns haben bei der Wahl ihrer Freunde und Partner das Helfer- oder Ich-kann-dich-ändern-Syndrom. Wir picken uns jemand heraus, um den wir uns kümmern wollen, der schwächer ist als wir, der unsere Ideen und Vorschläge annimmt, den wir betütteln und umsorgen können. Und dabei merken wir oft nicht, dass eine solche Beziehung sehr schnell umschwappen kann und derjenige schwer auf unseren Flügeln lastet. Da er nicht nur unsere Hilfe annimmt und sich blind darauf verlässt, sondern immer mehr von uns und unserer Energie will. Bis wir müde und erschöpft sind und nichts mehr zu geben haben. Ganz ehrlich, selbst schuld! Suche dir Partner und Freunde auf seelischer Augenhöhe – Seelenschwestern und Seelenbrüder. Mal kannst du von ihnen lernen, mal sie von dir. Eine Freundschaft muss sich leicht, frei und inspirierend anfühlen. Und in schwereren Zeiten ist man selbstverständlich füreinander da.

Und du wirst niemand ändern können. Also hör auf, dir Freunde und Partner zu suchen, die es sich besonders schwer im Leben machen und die vermeintlich nur du retten kannst. Dein gesundes Ego sagt dir hier: Rette dich selbst und sei für deine Freunde und Familie da, wenn sie dich brauchen. Aber als Allererstes ist es dein Leben. Lebe es und schütze dich vor Energiesaugern. Das erfordert einen gesunden Selbstschutz und ganz viel Selbstliebe.

Happy. Now!

Liebe dich selbst am allermeisten. Und damit meine ich in einem gesunden Maß. Sei stolz auf dich, lobe dich für das, was du heute alles geschafft hast und umarme dich täglich fünf Atemzüge lang ganz fest, so wie du den liebsten Menschen umarmen würdest.

Ehre dein Essen

Unsere Ernährung ist für unsere Gesundheit, unser Wohlbefinden und unsere Ausstrahlung von essenzieller Bedeutung. Wir sollten sowohl darauf achten, was wir essen, als auch, wie wir essen. Ich spreche hier nicht von Diäten und Verboten. Sondern von einer ausgewogenen, sinnvollen Ernährung je nach Typ, also sehr individuell angepasst.

Jeder von uns braucht je nach Lebensphase, Alter, Jahreszeit und Typ unterschiedliche Ernährungsweisen. Aus meiner Sicht ist die ayurvedische Lehre vom Leben ein optimaler Ansatzpunkt, um sich gut und sinnvoll zu ernähren. Ayurveda geht von verschiedenen Körperkonstitutionen und Lebensphasen aus und zielt darauf ab, den Körper gesund zu erhalten und bei Krankheiten unser Ungleichgewicht auf allen Ebenen unseres Lebens auszugleichen: Ernährung, Schlaf, Beziehung, Meditation, Yoga, Sport und Ruhephasen. Es ist ein ganzheitliches System, das das Zusammenspiel von Körper, Geist und Seele berücksichtigt.

Ausgangspunkt im Ayurveda ist unser Verdauungsfeuer, genannt Agni, das unserem Körper hilft, die Nährstoffe optimal in Energie umzuwandeln und den Rest auszuscheiden. Mein wichtigstes Ayurvedaprinzip ist es, bei jeder Mahlzeit möglichst alle Geschmacksrichtungen auf einem Teller zu mir zu nehmen: süß, sauer, salzig, bitter und herb. Dann hat der Körper ein sehr ausgewogenes Gefühl und der Bauch ist richtig glücklich. Meine Lieblingskombination dafür ist indisches Dhal (Linsengemüse), gedämpfter Brokkoli, Kartoffeln mit Kurkuma, Hirse und Artischocken aus dem Ofen.

Wir sollten darauf Wert legen, woher unsere Lebensmittel kommen, wo sie produziert werden. Sie sollten nicht über Tausende von Kilometern gereist sein und es sollten saisonale Produkte in unser Essen wandern. Vielleicht kannst du sogar einiges an Gemüse und Kräutern auf deinem Balkon oder in deinem Garten pflanzen oder dich mit Nachbarn und Freunden für eine gemeinsam bepflanzte Nutzfläche zusammentun. Wenn dir eine kleine Nutzfläche nicht möglich ist, kaufe dir auf jeden Fall immer frische Kräuter und füge sie nach Lust und Laune zu deinen klassischen Gerichten. Du wirst dich schnell daran gewöhnen, wie frisch und ausgefallen unsere klassischen Gerichte mit etwas frischem Koriander, Basilikum oder Schnittlauch schmecken. Auch Ingwer, Kurkuma und Zimt sind immer wundervolle Beigaben. Jede Zubereitung von Essen sowie das Essen selbst ist ein wunderschönes, lebensbejahendes Ritual, das zelebriert werden sollte. Selbst wenn ich alleine esse, decke ich mir den Tisch schön, mache Kerzen an und genieße jeden Bissen. Kein Handy, kein Buch, kein Fernsehen. Ich esse und kaue genüsslich und langsam. In dem Moment, in dem ich esse, ist Essen das Wichtigste, was ich tue. Das gilt auch schon für das Kochen. Bleibe am Herd, während du kochst, rühre aufmerksam, telefoniere nicht gleichzeitig und schaue dabei noch fern. Du wirst den Unterschied schmecken. Kochen ist Meditation, wenn du es achtsam und bewusst machst.

Trinke zum Essen nur wenig und in kleinen Schlucken. Unsere Getränke sollten nie eiskalt sein, da sie dann bereits unser Verdauungsfeuer löschen, bevor wir nur den ersten Bissen zu uns genommen haben. Das ist der häufigste Fehler bei Menschen, die gerne abnehmen wollen und sich wundern, dass trotz bewusster Ernährung die Kilos nicht vom Körper weichen. Es ist bei uns sehr üblich, erst einmal ein großes Kaltgetränk zu uns zu nehmen, bevor wir anfangen zu essen. Damit haben wir unser Verdauungsfeuer, das sich auf das Essen gefreut hat und es in Energie umwandeln wollte, bereits komplett gelöscht. Das heißt, alles, was wir nach dem Getränk zu uns nehmen, wird erst einmal im Körper abgelagert, bis das nächste Verdauungsfeuer wieder aufblüht. Und so bleiben viele Altlasten im Körper hängen.

Alkohol in einem sinnvollen Maß ist aus meiner Sicht keineswegs verboten. Und damit meine ich drei bis vier Gläser Wein oder Bier pro Woche. Ich selbst trinke hin und wieder zum Essen ein Gläschen Weißwein. Wobei ich den Vorteil habe, dass ich, bis ich 35 Jahre alt war, keinen Alkohol mochte, und jetzt bereits bei einem kleinen Glas Wein den Alkohol spüre.

Eating a whole advent calender in one day ...

... but in the right order because you're not a complete monster.

Du findest für dich heraus, welche Nahrungsmittel und Speisen dir guttun und welche nicht. Nimm dir nach jeder Mahlzeit Zeit zu erspüren, wie du dich fühlst: gestärkt und voller Energie oder müde, matt und schnell wieder hungrig. So findest du Stück für Stück heraus, was du häufig essen solltest und was nicht.

Meine Devise ist es, mich sehr abwechslungsreich zu ernähren. Heute ist beispielsweise Soja der absolute Hit und morgen als ungesund verschrien. Deshalb esse ich keine Zutat jeden Tag in Mengen, sondern variiere so gut wie möglich. Generell finde ich es auch ganz wichtig, jedes Essen wirklich zu genießen und zu ehren. Unser Körper ist unser Leuchtturm. Je gesünder und besser wir ihn ernähren, umso mehr strahlt er.

Wichtig ist, nichts in Hektik herunterzuschlingen oder sich während des Essens die ganze Zeit darüber zu ärgern, dass man jetzt so etwas Ungesundes isst. Ich genieße auch meine Currywurst, manchmal muss das eben sein. Unser Verdauungsfeuer ist mittags am stärksten, wenn du also »sündigst«, dann bitte mittags.

Die meisten Allergien entspringen einem geschwächten Immunsystem. Während meines Burn-outs war ich quasi auf alles allergisch, zum Beispiel auf Milch, aber auch auf alle laktosefreien Ersatzprodukte sowie Sojahaltiges. Ich bekam von allen diesen Zutaten Migräne. Heute kann ich alle Zutaten und Inhaltsstoffe essen, weil ich gesund bin. Beobachte und bewerte deine Essensgewohnheiten, Unverträglichkeiten und deinen gesundheitlichen und seelischen Zustand deshalb immer im Zusammenhang.

Ein wichtiger Trick besteht darin, immer genügend Gesundes und leckere Dinge zu Hause zu haben. Und die Obstschale immer bunt zu füllen. Neben Getreide, Nüssen und Kräutern habe ich stets gefrorene Früchte und Mandelmus zu Hause. Daraus lässt sich jederzeit ein gutes Frühstück zaubern. Meine schlaue Nicht-Vorratshaltung: Wenn weder Cola noch Süßigkeiten zu Hause sind, kann man sie auch nicht konsumieren.

Ich starte den Tag mit einem warmen Glas Wasser, um meine Verdauung anzuregen und dann spüle ich vor dem Zähneputzen mit Kokosöl oder Leinsamenöl meinen Mund und die Zähne gut durch. Ein ayurvedisches Ritual, um die Mundflora zu stärken. Anschließend halte ich es wie der Ayurvedakoch Volker Mehl: Ein warmes Frühstück für alle sorgt für Frieden.

Ich versuche, dreimal am Tag gut und warm zu essen, koche gerne Gemüse und liebe Tofu. Aber hin und wieder gehört für mich auch ein gutes biologisches Stück Fleisch dazu. Obst und rohes Gemüse esse ich nur bis 14 Uhr, ansonsten hat mein Verdauungssystem, das bei jedem von uns ab Mittag runterfährt, zu viel zu tun.

Darüber hinaus sollten zuckerhaltige Produkte kein wesentlicher Bestandteil unserer Nahrung sein. Da ich von Zucker Kopfweh bekomme, zeigen meine Warnsignale immer sehr klar, wenn ich es übertrieben habe. Hier müssen wir uns vor Augen führen, dass wir uns und unserem Körper keineswegs helfen, wenn wir ihn mit Kuchen und anderen Süßigkeiten füttern. Das Gegenteil ist der Fall: Nach einem kurzfristig erhöhten Blutzuckerspiegel fällt dieser nach Süßigkeiten aus Industriezucker massiv ab und wir fühlen uns schlapp und antriebslos. Es ist also nur ein Kick für einen viel zu kurzen Moment. Aber darüber musst du dir hier keine großen Gedanken machen: Je achtsamer du jeden Tag mit dir umgehen lernst und dein seelisches Immunsystem wieder zu stärken beginnst, umso klarer wirst du dir selbst gegenüber, was dir guttut und was du brauchst. Und vor allem, was nicht. Deshalb sehe ich auch komplett davon ab, meinen Yogaschülern irgendeine Ernährungsweise aufzuzwingen. Das ist ganz einfach nicht erforderlich. Yoga macht uns automatisch sehr schlau, klar und achtsam, uns und allen Lebewesen gegenüber.

Life Lesson

Wenn ich merke, dass ich meinen Körper über ein paar Tage zu sehr beansprucht habe oder mich träge fühle, lege ich einen sanften Detoxtag mit Ingwer- und Brennnesseltee und ayurvedischen Gerichten ein. Diese kann unser Verdauungssystem gut verarbeiten und sie verbrennen gleichzeitig Giftstoffe.

Happy. Now!

An dieser Stelle verrate ich dir ein kleines Geheimnis, das du unbedingt auch einmal ausprobieren solltest: Ich liebe Kochbücher und zum Einschlafen lese ich meist Kochbücher. Sie beruhigen mich so sehr und machen mich ganz schläfrig. Und für den nächsten Tag habe ich immer eine schöne Inspiration für ein tolles, neues Gericht.

Du bist schön

Neben unserer gesunden Ernährung ist es sehr wichtig, dass wir uns jeden Tag schön fühlen. Ich bin ein sehr legerer Typ und trage meist Jeans und T-Shirt. Ich bevorzuge sehr weiche Stoffe, die sich gut auf meiner Haut anfühlen. Was meine Outfits angeht, habe ich mich noch nie verbiegen lassen. Ganz zum Entsetzen meiner Mutter, die immer gerne eine hübsche Tochter mit Blüschen und Rüschchen und ordentlicher Frisur gehabt hätte. Und auch zum großen Ärger einiger meiner Chefinnen und Chefs. Egal, in welchem Unternehmen ich gearbeitet habe, habe ich meinen legeren Wohlfühlstil durchgezogen, wenn ich in meinem Büro saß und keine Außentermine hatte. Einer meiner Chefs meinte einmal, meine Schuhe seien sein tägliches Highlight. Außer mir trug dort jeder Stöckelschuhe. Und meine Chefin von Yves Saint Laurent wollte meine legere Kleidung gerne als negative Bemerkung in mein Jahresgespräch aufnehmen. Aber alles das half nichts, ich beschloss bereits vor langer Zeit, mich nicht verbiegen zu lassen. Ich finde ein eigener Stil ist sehr wichtig und Teil unserer Persönlichkeit. Ich muss mich nicht aufbrezeln, um glücklich zu sein.

Ein ganz großer Teil unserer Schönheit entsteht über Ausstrahlung – von innen und von außen. Wenn du dich in deinem Körper wohlfühlst und dein Lieblingsoutfit trägst, strahlst du Zufriedenheit, Selbstbewusstsein und Schönheit aus. Über dich selbst lachen zu können, ist der stärkste Faktor deiner Schönheit und Ausstrahlung. Denn in dem Moment lässt du los, entkrampfst dich und liebst dich so wie du bist. Seit jeher baue ich viel Blödsinn in meinem Leben und hatte schon immer die Gabe, mich darüber blendend zu amüsieren. Gerade weil ich ein sehr spontaner Mensch bin, der oft sehr schnell handelt, passieren mir Fehler und Peinlichkeiten. Gerade heute morgen bin ich beim Frühstücken im Café mit meinem Tablett gegen die Glasscheibe gerannt, weil ich einen Moment unachtsam war. Ganz zur Freude des ganzes Cafés, alle schmunzelten sehr über mich. Seit diesem Moment trage ich ein Lachen auf meinem Gesicht, das sich durch den ganzen Tag zieht. War es mir für einen Moment peinlich? Ja klar! Aber viel mehr freue ich mich über die Situationskomik und dass ich so viele Menschen zum Lachen gebracht habe.

Musiktipp
Young and beautiful,
Lana Del Rey

Schönheit ist für mich auch Authentizität. Wenn ich Yogalehrer ausbilde, ist es oft die größte Sorge der Teacher, während des Kurses den Faden zu verlieren, den Flow rechts anders als links zu unterrichten. Tatsache ist, die wenigsten werden es merken, wenn du einen kleinen Fehler beim Unterrichten machst, da die Yogaschüler sehr mit sich selbst beschäftigt sind. Und wenn man während des Unterrichts einen kleinen Aussetzer hat und nicht mehr weiß, was gerade drankommt, ist es wunderbar menschlich, den Schülern zu sagen, dass man sich gerade verhaspelt hat und über sich selbst lachen kann. Dadurch entspannen sich die Schüler sehr, da sie mitlachen müssen, und weil sie sehen, dass niemand perfekt ist. Mir haben diese kleinen Momente in meinen Stunden immer nur entspannte Gesichter gebracht. Die Schüler haben gesehen, dass ich auch nur ein Mensch bin und haben das sehr humorvoll aufgenommen. Ich glaube, dass kleine Fehler dafür sorgen, dass die Menschen uns noch sympathischer finden.

Life Lesson

Vor vielen Jahren war ich bei einem Vortrag als Teilnehmer an einer Business School. Es ging darum, dass sich einzelne Vorstände den Teilnehmern mit ihren Unternehmen präsentieren, um die Teilnehmer für ihr Unternehmen zu rekrutieren. Es war eine sehr ernste, professionelle Veranstaltung. Einer der Vorstände hatte mitten in seiner Präsentation komplett den Faden verloren. Er kommunizierte das und sagte, er gehe einen Moment raus, um frische Luft zu schnappen und sich wieder zu sortieren. Ich fand das unglaublich ehrlich und mutig von ihm. Er kam ganz gefasst wieder nach einigen Minuten in den Saal zurück. Und guess what: Die meisten Teilnehmer wollten zu ihm ins Unternehmen. Er war so authentisch rübergekommen, dass wir alle für ihn arbeiten wollten. Kein anderer Vortrag dieses Tages ist mir bis heute in Erinnerung geblieben – nur seiner.

Happy. Now!

Hänge keinem Trend hinterher, sondern schau, was du liebst, was dich schön sein und strahlen lässt, was dich authentisch macht. Und lächle dir jeden Morgen und Abend im Spiegel zu. Das wirkt Wunder und hilft dir, dich nicht zu ernst zu nehmen.

Jedes Mal, wenn ich mir im Spiegel zulächle, muss ich automatisch an die Dinge vom Tag denken, die ich ein wenig verpatzt habe. Aber im gleichen Moment verzeihe ich mir sie sofort, weil ich weiß, dass ich eben einfach nur wie alle auf dem Weg bin. Da gehören Fehler dazu.

Musiktipp
For you,
Peter Bradley Adams

Liebe deinen Körper

Gerade in den letzten Jahren habe ich meinen Körper verstehen und lieben gelernt. Früher war mein Körper irgendwie selbstverständlich für mich. Seit ich 30 Jahre alt bin und noch mal mehr seit meiner Schwangerschaft mit 45 Jahren, weiß ich, dass ich auf ihn aufpassen muss, dass ich mich um ihn kümmern muss, dass ich ihn gesund ernähren und mit frischer Luft, Yoga, Sport und vor allem auch Ruhephasen unterstützen muss. Ich finde, unser Körper ist ein absolutes Wunderwerk – in seiner Schönheit und in allen seinen Funktionen.

Durch Yoga haben sich mein Körperbewusstsein, mein Körpergefühl und der Umgang mit meinem Körper verändert. Yoga kräftigt deinen Körper, verbessert deine Haltung, baut sanft Muskeln auf und macht dich gleichzeitig durch Dehnung länger und größer. Zu dem körperlichen Faktor schenkt dir Yoga die mentale Stärke, dich so zu lieben wie du bist, und das anzunehmen, was du hast.

Ich finde es falsch, vorzugaukeln, dass Yoga dazu führt, dass du abnimmst und einen perfekt durchtrainierten Idealkörper bekommst. Aber Yoga hilft dir, dich schön zu finden, deine Besonderheiten anzunehmen und zu verstehen, dass gerade diese besonderen Merkmale dich so einzigartig machen. Yoga lehrt dich, dich um deinen Körper zu kümmern und ganz automatisch wirst du durch Yoga Dinge aus deinem Leben eliminieren, die dir nicht guttun.

Seit ich Yoga mache, bekomme ich viel mehr Komplimente als früher. Und das nicht, weil mein Körper perfekt ist oder mein Gesicht faltenlos. Sondern, weil ich Zufriedenheit und Liebe ausstrahle. Mir und der Welt gegenüber. Und Yoga lässt dich groß und aufrecht durch das Leben gehen. Nach jeder Yogastunde fühlt sich mein Körper fünf Zentimeter größer an, meine Schultern fließen entspannt nach hinten und mein Brustkorb strahlt Weite und Selbstvertrauen aus.

Life Lesson

Nach meiner Schwangerschaft habe ich meinem Körper die Zeit gegeben, sich wieder in Ruhe zurückzuentwickeln. Sei dir bewusst, dass dein Körper sich auf unglaublich schlaue Weise verändert, damit du ein Baby auf die Welt bringen kannst. Und dass dein Körper mindestens ein Jahr braucht, um wieder zu seiner vorherigen Stabilität und Form zurückzufinden. Lass dich dabei nicht von den Geschichten über Models, die vier Wochen nach der Geburt wieder einen Sixpackbauch zeigen, täuschen. Photoshop und ungesunder Wahnsinn lassen grüßen. Du nimmst dir deine Zeit! Es ist dein Körper, der dein Tempo braucht. Und das Leben mit einem kleinen Baby lässt dir ja auch nicht viel Zeit, dich um dich zu kümmern. Ganz im Gegenteil: Ganz viel Liebe und Zeit steckst du jetzt in das Leben deines Kindes. Und das ist gut so. Ich finde, nach einer Schwangerschaft müssen wir unseren Körper noch mehr lieben, er hat ein Wunder vollbracht. Oder wie unsere Yogalehrerin Aneta es formulierte: »Während der Geburt hatte ich zum ersten Mal im Leben das Gefühl, etwas Sinnvolles, wirklich Großes zu tun.«

Ich bin in den letzten Jahren sehr viel wachsamer geworden, was meine Pflegeprodukte angeht. Die Haut ist unser größtes Organ. Deshalb achte ich bei Duschgel, Körperlotion, Deo und Zahnpasta sehr genau darauf, dass sie frei von Parabenen, Sulfaten und Farbstoffen sind. Dank meiner Kräuterfreundin Rebecca (*livingprettygreen* auf Instagram) weiß ich inzwischen auch, wie ich mein eigenes Deo aus Sheabutter, Kokosöl, Pfeilwurz, Natriumcarbonat und Lavendelöl anrühre. Und ich vermeide Zahnpasta mit Fluorid. Vor jeder Dusche massiere ich meine Haut mit reinem Kokosöl, ein wahres ayurvedisches Wunder bei trockener Haut. Genauso wie bei der Ernährung übertreibe ich es auch hier nicht mit meinen Prinzipien. Aber ich bin wachsamer geworden und lese mir die Inhaltsstoffe genauer durch. Es sind kleine Schritte, die ich hier gehe, vor allem auch für unseren Sohn Liam. Bei seinen Produkten achte ich sehr genau auf die Inhaltsstoffe, hänge mich aber auch nicht an jeden Bio-Mami-Blog, sondern überlasse es meiner Beobachtung, was Liam guttut und was nicht.

Happy. Now!

Höre jetzt auf, dich zu bewerten und dich darum zu kümmern, was andere von dir denken. Es mag Dinge geben, an denen du arbeiten kannst, aber du musst dir bewusst machen, dass es an dir nichts zu reparieren gibt. Es ist nichts kaputt an dir. In diesem Moment bist du vollkommen, genauso wie du bist.

Sting sagte einmal: »Durch Yoga habe ich besseren Sex. Ich kann das nicht erklären, ich kann das nur vormachen.« Da geht es mir ähnlich! Es ist schwer zu beschreiben, was Yoga und damit die Gabe, dich so anzunehmen, wie du bist, in deinem Sexleben verändern. Du lässt dich mehr fallen, kannst es annehmen, verwöhnt zu werden und anderseits auch bedingungslos den anderen verwöhnen. Du kannst klar kommunizieren, was dir gefällt, und du hörst auf, nur zu geben, um zu bekommen. Du bist bereit, neue Dinge auszuprobieren und auch klar Grenzen zu setzen bei Dingen, die du nicht möchtest.

Natürlich trägt auch die Erfahrung über die Jahre zu einem schöneren Sexleben bei. Aber ich denke, um guten Sex zu haben, muss man wirklich in seinem Körper ankommen. Es geht nicht mehr um Show, es geht um ehrlichen, guten, orgasmischen Sex. Generell ist mein Rat, zwei- bis dreimal in der Woche zum Yoga zu gehen. Dann speichern dein Körper und dein Geist den Effekt des Loslassens und Sich-frei-Fühlens am besten ab. Beobachte, wie du dich und deine Wahrnehmung für deinen Körper veränderst und dich, deine Nacktheit und dein Sexleben mehr genießen kannst. Probiere dich aus und vergiss auch beim Sex nicht, dass du einfach mal über dich und die Situation schmunzeln darfst. Sex ist nichts Ernstes, sondern pures Vergnügen.

As you get older you will understand more and more that it's not about what you look like or what you own, it's all about the person you've become.

Lebe deine Kreativität

Früher dachte ich, Kreativität bedeutet, dass jemand unglaubliche Ideen, einen künstlerischen Beruf und eine außergewöhnliche Begabung haben muss. Heute habe ich verstanden, dass Kreativität ganz im Kleinen passieren und trotzdem ganz besonders sein kann. Für mich ist es die Fähigkeit, aus schwierigen Situationen etwas Besonderes zu machen, für Herausforderungen eine Lösung zu finden und den Alltag mit kleinen und großen Ideen zu meistern.

Ich finde, alle Menschen sind kreativ. Wir meistern jeden Tag, ohne jemals morgens zu wissen, was auf uns zukommt. Wir wissen nie, was während des Tages alles passiert, und kommen doch immer abends an. Es gibt kein Drehbuch für unser Leben, deshalb meistern wir jede Situation, jede Begegnung, jede Herausforderung mit den für uns möglichen Mitteln. Ist das nicht unglaublich kreativ und spannend? Ganz egal, ob du deine Wohnung hübsch gestaltest, das Loch im Zaun schließt ohne Flickmaterial zu haben oder mit einem schwierigen Kollegen gemeinsam ein tolles Meeting gemeistert hast. Du hast etwas entworfen und kreiert und bist deshalb kreativ. Achte mal darauf, wie oft du am Tag eine Lösung findest und kreativ bist. Du wirst stolz auf dich sein.

Musiktipp
Love my life,
Robbie Williams

Life Lesson

Weil jeden Tag sehr viel Unvorhergesehenes auf uns zukommt, ist es wichtig, auch ein paar Rituale in unseren Tag einzubauen. Rituale sorgen dafür, dass wir uns wohl und entspannt fühlen. Im Ritual entsteht kein Stressmoment, Körper und Geist können sich entspannen.

Ich brauche jeden Morgen meinen Lieblingscappuccino in der Kaffeebude am Carlsplatz. Mein Spaziergang dorthin ist meine Zeit zum Nachdenken. Dieses Morgenritual ist für mich lebensnotwendig. Der Spaziergang erdet mich und sorgt dafür, dass ich meine Gedanken sortiere und meinen Tag optimal plane. Wenn ich dieses Ritual ausfallen lasse, ist mein Tag oft sehr hektisch und ungeordnet. Ich habe dann keinen klaren Startpunkt für meinen Tag. Ich wusle dann einfach nur drauflos. Genauso wichtig ist mir mein Abendritual, um den Tag bewusst zu beenden und sacken zu lassen (siehe *Good night wonderful day*).

Gerade, wenn du während des Tages merkst, dass du etwas erschöpft bist, baue eine Routinetätigkeit ein. Dann kann sich dein Kopf vom Nachdenken und Kreativsein erholen. Und du bist nach der Routine wieder bereit für neue Taten und Gedanken. Wir haben nicht die Kraft, den ganzen Tag außerhalb unserer Komfortzone neue Dinge zu kreieren, sondern brauchen immer wieder den Moment der Routine, um Kraft zu tanken. Also ist unser Tag am besten eine gesunde Mischung aus beidem.

Happy. Now!

Das nächste Mal, wenn du nach einer kreativen Lösung suchst, google sie nicht, mache es einfach selbst. Und sei doppelt stolz!

Ich habe das Gefühl, dass wir als Kinder früher mehr Raum für Kreativität bekamen als die Kinder heute. Wir konnten ja auch nicht einfach auf Google klicken und nachschauen, wie man ein Baumhaus baut. Wir haben es einfach gemacht, wie wir dachten. Deshalb versuche ich unseren Sohn immer wieder anzuregen, selbst seine kreative Lösung zu finden, auch wenn das manchmal länger dauert und er vielleicht ein paar Anläufe braucht, um es herauszufinden. Man hat herausgefunden, dass Kinder besonders kreativ sind, wenn man ihnen nicht erklärt, wie ein Spielzeug funktioniert. Legen wir unserem Kind ein Spielzeug hin und drücken darauf, sodass es Piep macht, so drückt das Kind immer nur auf die eine Stelle, bis es Piep macht. Wenn wir unserem Kind das gleiche Spielzeug geben, ohne ihm zu zeigen, wie es funktioniert, findet es viel mehr Spielmöglichkeiten heraus als nur das eine Piep. So ergeht es uns natürlich auch.

Musiktipp
Dance hall days,
Imperial Mammoth

Klarheit im Raum ist Klarheit im Kopf

Ich liebe es sehr, unsere Wohnung schön zu gestalten und gleichzeitig zu entmisten. Das gibt mir ein wunderbares, befreiendes Glücksgefühl. Danach fühle ich mich leichter und innerlich aufgeräumter. Gerade, wenn in meinem Kopf großes Chaos herrscht, ist es ein optimaler Moment, das, was schon lange entsorgt werden muss, wegzuschmeißen. Nur die Dinge zu dekorieren, die ich absolut liebe. Alles andere kommt weg. Zum Entsetzen meines Mannes kann ich sehr gut aussortieren und wegschmeißen. Ich kann mich sehr gut von Dingen trennen.

Ich glaube daran, dass Klarheit in der Wohnung Klarheit in meinem Kopf erzeugt. Das gilt vor allem für meinen Arbeitsplatz, aber auch ganz wichtig für meinen Schlafbereich. Während des Tages, aber vor allem zum Einschlafen und zum Aufwachen, ist es meiner Meinung nach sehr wichtig, auf was du blickst. Wenn ich beispielsweise aufwache, schaue ich auf meinen wunderschönen Traumfänger und auf eine große Muschelkette. Beides macht mich sonnig und gut gelaunt. Es sind absolute Lieblingsstücke. Das ist auch ein wichtiger Grund, warum ich so gerne mit unserem alten VW-Bulli in den Urlaub fahre. Für mehrere Wochen ist das, was ich dabei habe, auf das Nötigste beschränkt. Zwei bis drei Lieblingsoutfits für kaltes und warmes Wetter, ein Büchlein für meine Notizen, mein Laptop und meine Reiseyogamatte. Nie bin ich so klar wie bei diesen Reisen. Nichts Überflüssiges lenkt mich ab.

Life Lesson

Ich habe auch großen Spaß daran, kleine Ecken in der Wohnung neu zu dekorieren, Farbwelten zu gestalten oder einfach nur eine lustige Postkarte an meinen Arbeitsplatz zu hängen. Bereits mit diesen kleinen Veränderungen kann sich mein Blickwinkel auf die Dinge verändern. Ich sehe etwas anderes, ich denke anders und ich bin viel kreativer.

Früher herrschte an meinem Arbeitsplatz immer relativ großes Chaos. Wenn mein Chef darüber schmunzelte, erklärte ich ihm, dass nur Dumme aufräumen, nur das Genie beherrscht das Chaos. Ich musste mich ja irgendwie rechtfertigen. Tatsache ist, obwohl ich immer genau wusste, wo etwas abgelegt ist, habe ich nicht so klar und strukturiert arbeiten können wie heute. Ich habe mich öfter verzettelt und mich durch unwichtige Dinge ablenken lassen. Mache dir deshalb immer genau bewusst, auf was deine Augen blicken, während du denkst, arbeitest, aufwachst, schreibst etc. Klarheit fördert deine Kreativität.

Da ich einen direkten Zusammenhang zwischen der Klarheit in unserer Umgebung und in unseren Köpfen sehe, habe ich auch die Kursräume in meinem Yogastudio ganz puristisch gehalten. Du blickst auf weiße Wände, eine Vase mit frischen Blumen, schönen Stuck an der Decke. Die Räume beinhalten nur das erforderliche Yogamaterial, nichts Überflüssiges. Mag dein Kopf noch so wild ticken, diese Umgebung macht dich stiller und klarer. Klarheit stärkt somit auch deine Fähigkeit, zu meditieren und dich mit deiner Spiritualität zu verbinden.

Happy. Now!

Probiere es aus: Umgib dich nur mit Dingen, die absolut dein Herz berühren, auf die du jederzeit blicken möchtest. Und sei auch hier ganz ehrlich zu dir. Behalte nichts, nur weil du es mal geschenkt bekommen hast oder weil du es irgendwann vielleicht mal wieder benutzen könntest. Du wirst wahrnehmen, wie viel leichter du dich ohne alles fühlst, was du wegschmeißt oder verschenkst. Wir brauchen so wenig, um glücklich zu sein.

Playlist für diese Yogasequenz:

Gold angel, Minke

Boombadom, Rocket Empire

Resolution, Matt Corby

Catch & release, Matt Simons

We move lightly, Dustin O'Halloran

Race to erase, Son Lux

Heat miser, Massive Attack

Sister, Andrew Belle

The sound of silence, Simon & Garfunkel

Spirit bird, Xavier Rudd

Hello, Adele

Big picture, London Grammar

Song on the wind, Dub Sutra

Orange ocean (Loscil remix), Kodomo

Räum deine Krimskrams-Schublade auf

Wir Yogis glauben, dass alle Ereignisse, Begegnungen und Gefühle im Körper abgespeichert werden. Vor allem in unseren Hüften nistet sich alles ein, was wir im Leben machen mussten, aber nicht machen wollten. Wir können sehr leicht feststellen, was sich im Lauf der Jahre in unseren Hüften verändert, wenn wir ein Baby beobachten, wie es genüsslich an seinen Zehen nuckelt und seine Knie bis zu den Wangen hochziehen kann. Viel Spaß beim Versuch, es dem Baby gleichzutun!

Unsere Hüften werden im Lauf der Zeit sperriger. Natürlich gibt es hier erhebliche anatomische Unterschiede bei jedem von uns. Aber jeder wird in einigen der folgenden Hüftöffnerübungen merken, dass es noch Raum gibt, in den Hüften wieder Platz zu machen. Mein Lehrer Kenny Frisby von *Laughing Lotus New York* erklärte uns hierzu gerne, dass die Hüften unsere Krimskrams-Schublade seien. Dort kommen alle Momente und Gefühle rein, die wir nicht zuordnen oder nicht verarbeiten können. Zu Hause hat fast jeder von uns so eine Krimskrams-Schublade, in die alles reinkommt, was wir nicht zuordnen können und irgendwann einmal aufräumen wollen. Und genauso machen wir es mit unserem Körper und unserem Geist: Einfach erst einmal wegschieben, weil wir gar nicht die Zeit haben, alles in Ruhe zu verarbeiten. Deshalb sind Hüftöffnersequenzen im Yoga unglaublich effektiv. Währenddessen kann es sein, dass man den Yogalehrer umbringen möchte, aber danach fühlt man sich sehr frei, ruhig und gelassen. Man kann die Befreiung in den Hüften wirklich spüren. Der alte Mist ist gegangen und man hat Raum für neue Lebendigkeit und Kreativität. Nach einer solchen Hüftöffnersequenz kann man meist auch hervorragend meditieren. Der Körper ist aufgeräumt und der Geist kann diese Stille spüren.

Dies ist meine Lieblingshüftöffnersequenz, die du immer wieder machen solltest, wenn dein Kopfkino gerade nicht zu stoppen ist oder du das Gefühl hast, dass du im Leben etwas ändern möchtest. Mit dieser Sequenz kannst du deine Krimskrams-Hüften sehr gut öffnen und fühlst dich danach ganz leicht und entspannt. Plane dafür 35 bis 40 Minuten ein. Rolle deine Matte aus, Handy auf off und Musik an.

Kamelritt im Baddha Konasana

Setz dich aufrecht hin und zieh die Knie nah zum Oberkörper, dann lass die Knie zu den Seiten absinken und ziehe deine Fersen so nah wie möglich Richtung Schambein. Greife deine Schienbeine mit den Händen und verlängere deine Wirbelsäule Richtung Decke. In der Einatmung schiebst du deinen Brustkorb weit nach vorne und die Schultern fließen nach hinten, in der Ausatmung rundest du die Wirbelsäule und ziehst den Bauchnabel nach hinten und innen. Du kannst schauen, ob du den Kopf mit in die Bewegung nimmst oder ob dein Kopf die Bewegung nur sanft mitmacht, weil dein Oberkörper sich bewegt. Du bringst Wirbel für Wirbel in Bewegung. Finde dein Tempo. Diese Übung nennt sich Kamelritt, du kannst deine Bewegungen also ruhig beschleunigen. Bleibe drei Minuten in dieser Bewegung. Anschließend setz dich für zwei Minuten still und aufrecht hin.

Kundalini-Pashchimottanasana

Strecke deine Beine im Sitzen lang vor dir aus, ziehe die Haut am Gesäß sanft nach hinten, sodass du gut auf beiden Sitzhöckern sitzt. Die Beine sind ganz aktiv, die Füße sind geflext – also gen Decke zeigend. Zieh die Wirbelsäule lang. Streck die Arme auf Schulterhöhe vor dir aus und verschränke alle Finger ineinander, bis auf die Zeigefinger. Die Zeigefinger ziehst du nach vorne. In der Einatmung lehnst du dich mit langem Rücken fünf Zentimeter nach hinten, in der Ausatmung ziehst du dich aus der Hüfte mit geradem Rücken – so weit es für dich geht – nach vorne über die Beine. Entwickle hier dein Tempo, du kannst schneller werden und Dynamik in die Übung bringen. Mach die Übung zwei Minuten. Anschließend gehst du zum Ausgleich der Wirbelsäule in den Table Top, legst also den Rücken auf der Matte ab. Du stellst deine Füße vor dir hüftbreit auf. Die Hände liegen neben dir, die Finger zeigen zu den Füßen. Du hebst deinen Brustkorb und rollst das Becken nach oben. Atme hier tief durch die Nase ein und durch den Mund aus, Zunge raus. Mach das viermal. Dann rolle dich wieder sanft Richtung Boden zum Sitzen ab.

Vierfüßlerstand mit Beinkreisen

Du setzt deine Knie hüftbreit auf und deine Hände schulterbreit, deine Handgelenke sind unter deinen Schultern. Du hebst zunächst dein rechtes Bein gebeugt nach oben, ohne in den Armen und Schultern einzusinken. Dann beginnst du, mit dem rechten Knie große Kreise nach außen zu ziehen. Wie mit einem Pinsel malst du mit deinem rechten Knie große Kreise. Mache 15 Kreise auf der rechten Seite. Dann setz das Knie ab und wechsele auf die linke Seite. Wenn du empfindliche Knie hast, leg dir für diese Übung eine Decke unter deine Knie. Vom Vierfüßlerstand aus setzt du deine Hände zehn Zentimeter weiter nach vorne. Setze die Füße hinten auf und schiebe die Sitzhöcker Richtung Decke, verlängere deine Beine, so gut es geht. Die Füße stehen hüftbreit und die Fersen sind ein wenig weiter nach außen geöffnet als die Zehen. Es ist völlig egal, ob deine Fersen an den Boden kommen oder nicht. Du bleibst für acht Atemzüge in dieser Position und beugst die Beine abwechselnd rechts und links. Du schüttelst den Kopf – erst ja, dann nein – und pustest zur Entspannung des Kiefers durch die Lippen. Lass den Kopf entspannt hängen.

High-Lunge

Aus dem herabschauenden Hund hebst du in der Einatmung dein rechtes Bein weit nach hinten und oben, und in der Ausatmung setzt du den rechten Fuß sanft zwischen die Hände nach vorne. Wenn das schwierig für dich ist, greife mit der rechten Hand den Knöchel und setze den Fuß so weit nach vorne, dass dein rechtes Knie über dem Knöchel ist. So schützt du dein Knie. Komm auf die Fingerspitzen, verlängere den Oberkörper nach vorne und die linke Ferse nach hinten. Mit der nächsten Einatmung hebst du den Oberkörper nach oben an und beide Arme Richtung Decke. Dein rechtes Knie ist tief gebeugt, dein linkes Bein kann leicht gebeugt sein, dann ist es ein angenehmeres Gefühl im unteren Rücken. Die linke Ferse ist weg vom Boden. Such dir mit den Augen einen Punkt in der Ferne und fixiere ihn. Mit der Einatmung streckst du das vordere Bein, mit der Ausatmung beugst du es tief. Fünfmal auf dieser Seite. Egal, wie wackelig die Übung für dich ist, versuch ruhig und tief zu atmen. Dann zurück in den herabschauenden Hund. Es folgt das Gleiche mit dem linken Bein.

Hingebungsvolle High-Lunge

Für diese Übung kommst du wieder mit dem rechten Bein nach vorne und richtest den Oberkörper auf. Du verschränkst die Finger hinter dem Rücken ineinander und hebst mit der Einatmung den Brustkorb sanft nach oben an, in der Ausatmung ziehe den Oberkörper in die Länge und beug dich dann am rechten Knie innen vorbei nach vorne und unten. Schick ganz viel Kraft in das linke Bein und in deine Körpermitte und dann zieh die Arme weit nach vorne über den Kopf. Bleibe hier für fünf ruhige Atemzüge. Dann richte dich mit der Einatmung mit langer Wirbelsäule langsam wieder auf. Und wechsele die Seiten.

Vorbeuge in weiter Grätsche

Stell dich nun ans Ende der Matte, die Füße sind parallel zum Mattenrand. Ziehe den Oberkörper in der Einatmung lang und beug dich in der Ausatmung mit langer Wirbelsäule nach vorne. Setz die Hände unter dir auf. Halte die Beine aktiv, schüttle den Kopf sanft mit ja und nein und puste durch deine Lippen. Bleibe hier acht Atemzüge. Dann beugst du deine Knie, setzt deine Hände an deine Hüften und rollst dich mit runder Wirbelsäule auf zum Stehen.

Garudasana

Stell dich mit leicht gebeugten Knien aufrecht hin, die Füße sind hüftbreit geöffnet. Dann bring mehr und mehr Gewicht in das linke Bein, sodass du das rechte Bein vom Boden abheben kannst. Wickle das rechte Bein so weit um das linke, wie es für dich möglich ist. Setz dich tief in die Hocke und dann wickle den rechten Arm unter den linken, verschränke die Unterarme und Hände ineinander, so gut es für dich geht. Finde einen ruhigen Atem, auch wenn die Position sehr wackelig sein kann. Die Hüften zeigen nach vorne. Such dir einen Fixpunkt für die Augen, um deine Balance zu finden. Wenn du die Position verlierst, ärgere dich nicht, komm einfach in Ruhe wieder zurück und atme ruhig und tief weiter. Mit der Einatmung kommst du nach fünf Atemzügen wieder aus der Position, verteilst das Gewicht auf beide Füße und entspannst die Arme neben dem Körper. Schließe die Augen und beruhige deinen Atem. Dann wechsle die Seite.

Tarasana

Du setzt dich aufrecht hin, lässt die Knie auseinanderfallen und bringst einen halben Meter vor dir deine Fußsohlen zueinander. Du hast wirklich Platz zwischen Schambein und Fersen, es entsteht eine große Diamantenform zwischen Fersen und Schambein. Dann setzt du die Hände für einen Moment an die Schienbeine oder Knöchel, um dich in der Wirbelsäule noch einmal zu verlängern. Anschließend verlängerst du den Oberkörper aus der Hüfte in der Einatmung nach vorne, in der Ausatmung kommst du Stück für Stück nach vorne und unten. Dabei kannst du im oberen Rücken leicht rund werden. Vor allem lässt du den Kopf entspannt hängen und schließt die Augen. Dein Oberkörper verlängert sich ganz sanft in jeder Einatmung und kommt in jeder Ausatmung gedanklich tiefer. Auch wenn es nur Mini-Millimeter sind. Dabei geht es überhaupt nicht darum, wie tief du in diesem Asana nach unten kommst, sondern darum, die Sinne bei jeder Atmung nach innen zu ziehen und ruhiger zu werden. Lass alles um dich herum mehr und mehr im Nebel verschwinden. Alles, was gerade wichtig ist, bist du in deiner Vorbeuge und deiner Ein- und Ausatmung.

Wutgrätsche im Liegen

Für die sogenannte Wutgrätsche leg dich rücklings auf den Boden ab, die Arme neben dir, die Handflächen zeigen nach unten. Dann ziehst du die Knie zu dir ran und streckst die Beine nach oben aus. Du flext die Füße, die Beine sind ganz aktiv. Dann öffnest du die Beine in die Grätsche. Du hältst diese Position 20 Atemzüge. Atme dabei tief und ruhig und entspanne den Kiefer und die Schultern. Schimpfe und schnaufe, was immer du hier heute brauchst! Mit dieser Übung pumpen wir die letzte Hitze in die Hüften und verbrennen so den alten Mist aus unserer Krimskrams-Schublade. Beug dann langsam die Knie und setz die Füße mattenbreit auf, die Knie lässt du nach innen fallen. Leg deine Hände auf den Bauch und atme in die Hände ein und aus.

Happy Baby

Du liegst bereits mit dem Rücken flach auf dem Boden, von hier winkle die Beine an und greif die großen Zehen mit Daumen, Zeigefinger und Mittelfinger. In der Ausatmung ziehst du die Knie in Richtung Boden. Der gesamte Rücken liegt lang am Boden. Wenn du möchtest, kannst du hier für acht Atemzüge so bleiben oder wie ein Baby von Seite zu Seite schaukeln.

Supta Baddha Konasana

Für die Schusterhaltung im Liegen leg die Fußsohlen aneinander und lass die Knie auseinanderfallen. Streck die Arme entlang des Körpers aus. Wenn du die Fersen nah Richtung Schambein ziehst, ist die Übung intensiver. Wenn du die Fersen mehr von dir wegschiebst, ist die Übung für die Hüften entspannter. Bleib hier zwei Minuten oder so lange es sich für dich gut anfühlt. Entspanne den Kiefer, entspanne die Zunge, lass die Schultern in den Boden abfließen.

Twist im Liegen

Leg dich flach auf dem Boden ab. Roll dich zunächst auf die linke Hüfte und zieh das rechte Knie an. Führe das rechte Knie mit der Ausatmung auf die linke Seite Richtung Boden oder auf ein großes Kissen. Die Hüfte bleibt gerade aufgerichtet und die Muskulatur des unteren Beins bleibt aktiv. Leg die linke Hand auf dem Knie ab und schiebe es sanft zu Boden. Streck den rechten Arm neben der rechten Schulter am Boden aus und blicke Richtung Fingerspitzen der rechten Hand. Versuche beide Schultern zu entspannen und am Boden zu lassen. Nach acht Atemzügen wechsle die Seite.

Savasana-Schlussentspannung

Streck die Beine lang am Boden aus, öffne sie gut mattenbreit. Lass die Füße zur Seite fallen. Die Arme liegen am Körper, die Handflächen nach oben geöffnet, sodass die Schultern entspannen können. Lass dein ganzes Körpergewicht in den Boden abfließen, lass dich vom Boden tragen. Und spüre, wie deine Körpervorderseite ganz leicht und schwerelos wird. Bleibe hier fünf bis sieben Minuten. Dann beginne langsam wieder, tiefer in den Bauch zu atmen, beweg die Finger und Zehen und dann kuschle dich für einen Moment auf die rechte Seite, so wie du dich im Bett zur Seite kuschelst.

Schlussmeditation

Schließlich kommst du über die Seite nach oben in den aufrechten Sitz und bleibst für drei Minuten in deiner Stille sitzen.

Ernährung für die Seele

Es ist sehr wichtig, darauf zu achten, mit was wir unsere Seele »ernähren«, was wir ihr zufügen. Alles, was auf uns einströmt, wird von unserem Körper und auch von unserer Seele abgespeichert. Jeder Input, jede E-Mail, jedes Gespräch, jede Begegnung, jeder Streit, jeder Glücksmoment sind in uns archiviert.

Viele Krankheiten entstehen aus unserer ständigen Erreichbarkeit per Handy und E-Mail. Wir verbringen im Durchschnitt drei Stunden täglich mit unserem Handy und schauen 88-mal pro Tag darauf – das ist ca. alle 18 Minuten –, auch wenn es nicht klickt oder klingelt. Wir verbringen die Zeit auf Facebook, mit diversen Apps und mit unseren Nachrichten. Dadurch können unser Kopf und unsere Seele nie abschalten, es kommt permanent neuer Input. Unsere Konzentrationsfähigkeit ist dadurch stark beeinträchtigt. Durch die ständige Ablenkung ist es uns auch nicht möglich, kreativ zu sein und Neues zu gestalten.

Ebenso sind brutale und aufreibende Filme eine Belastung für die Seele. Fernsehen ist nichts zum Abschalten, wie wir oft denken, wenn wir uns abends erschöpft vor das Fernsehgerät setzen. Jeder Film, jede Nachricht, jede Werbung ist neuer Input. Unser Gehirn kann nicht unterscheiden, ob es eine wichtige oder unwichtige Nachricht ist. Es wird sich erst einmal mit jedem Input beschäftigen und versuchen, ihn zuzuordnen und zu verarbeiten.

Ich bin deshalb dazu übergegangen, nur noch hin und wieder ausgewählte Filme aus dem Internet herunterzuladen und vor allem romantische Filme und Komödien mit Happy End anzuschauen. Ich habe gelernt, dass mir Krimis und brutale Filme einfach nicht guttun. Deshalb vermeide ich sie. Achte darauf, für dich und vor allem für deine Kinder, welchen Input an Filmen du für euch haben möchtest.

Viel schöner ist es, vor dem Zubettgehen bei Kerzenlicht schöne sanfte Musik zu hören, sich die Füße und die Kopfhaut zur Entspannung mit Sesamöl zu massieren, zu meditieren oder in einem Kochbuch zu blättern.

Life Lesson

Nach meiner Burn-out-Phase musste ich erst wieder den sinnvollen Umgang mit dem Handy erlernen. Beispielsweise schaue ich seitdem vor 9 Uhr und nach 19 Uhr nicht mehr darauf. Früher war ich 24 Stunden erreichbar, habe auch nachts E-Mails aus New York beantwortet und natürlich war ich dadurch viele Nächte schlaflos, weil mein Hirn nicht zu rattern aufhörte. Unser Kopf braucht dringend Pausen von neuem Input. Eigentlich brauchen wir genauso viele Pausen wie aktive Phasen. Aber da das nicht möglich ist, hilft es nur, die Nacht wirklich für den Schlaf zu nutzen. Wenn du ehrlich bist: Nichts ist so wichtig, dass es nachts noch beantwortet werden müsste. Es genügt am nächsten Morgen.

Happy. Now!

Räum dir feste Zeiten für dein Handy ein und lege es abends und am Wochenende wirklich zur Seite. Am Anfang wirst du sehen, wie schwer dir das fällt, aber dann wirst du diese handyfreien Zeiten so sehr lieben, dass du mehr davon willst. Und leg dir wieder einen analogen Wecker zu. So ist das Handy nicht das Erste, was du am Morgen mit deinen neuen Nachrichten und E-Mails erblickst. Du wirst nicht gleich mit neuem Input geweckt. Sondern du bestimmst, wann du dein Handy anmachst.

Der Sonnenuntergang im Alltag

Was ist Glück?

Ich werde als Yogalehrerin ganz oft gefragt, wie man glücklich wird, wie man strahlt, wie man positiv durchs Leben geht. Ist es dann so weit, wenn wir alles im Leben richtig gemacht haben und erleuchtet sind? Ist es in dreißig Leben so weit, wenn wir unser Karma abgearbeitet haben? Ist Glück eine ernste Sache, die man sich hart erarbeiten muss? Ich glaube nicht. Aus meiner Erfahrung ist Glück ganz oft da, wir müssen nur wieder lernen, es zu erkennen, wahrzunehmen und zu genießen.

Auch ich habe als Yogi sehr lange gedacht, dass Glück mit Erleuchtung zu tun hat und dass es nach jahrelanger Meditation vielleicht irgendwann passieren kann … Aber dann habe ich für mich herausgefunden, dass Glück in so vielen Momenten meines Lebens einfach da ist. Es sind diese Momente, die du kennst und die du auch schon ganz oft hattest. Es kann in der Yogastunde passieren, auf dem Fahrrad, beim Sex, in der Natur, beim Kitesurfen, beim Essen deiner Lieblingsspeise und beim Gespräch mit deiner besten Freundin. Es ist dieser Moment, in dem einfach alles richtig ist, nichts fehlt, du nichts verändern willst, alles aus Fülle und Leichtigkeit besteht. Als Kind hatten wir diese Momente, wenn wir ganz vertieft in ein Buch waren oder so in unser Spiel und unsere selbst ausgedachte Geschichte versunken waren, dass die Welt um uns herum einfach verschwand. Wir waren beseelt vom Moment, ganz gefangen, völlig glücklich. Über Minuten, vielleicht sogar Stunden. Bis uns der Hunger oder der Ruf der Eltern aus diesem Moment herausgeholt hat.

Wir lagen auf der Wiese und baumelten mit der Seele.

Kurt Tucholsky

Life Lesson

Heute als Erwachsener gibt es diese Glücksmomente immer noch. Oft nehmen wir sie nur noch im Urlaub war. Wir setzen uns gemütlich an den Strand und genießen mit unseren Liebsten still den Sonnenuntergang. Doch es gibt den Sonnenuntergang auch in unserem Alltag. Du merkst plötzlich, dass du innerlich strahlst, dass sich deine Schultern entspannen, dass deine Wirbelsäule sich aufrichtet, dass du lächelst oder lachst, du hast Lust zu singen und zu tanzen. Gefühlt aus dem Nichts, weil einfach alles stimmt. Es sind oft ganz kurze Momente, voller Leichtigkeit und Glück. Mir passiert es häufig, wenn ich spazieren gehe oder auf dem Fahrrad in der Natur unterwegs bin. Nach einem schönen Gespräch mit meinem Mann oder wenn ich still für mich am Meer sitze. Ich beginne zu lächeln und singe manchmal auch selig vor mich hin. Und in dem Moment, in dem ich wahrnehme, dass ich glücklich bin, ist der Moment auch schon oft vorbei. Sobald ich darüber nachdenke, wie schön dieser glückliche Moment ist, ist er auch schon weg. Es sind banale und auch große Momente. Alles erscheint still und so schön.

Musiktipp
Gayatri mantras,
Petros & Friends

Happy. Now!

Warte nicht darauf, sondern sei einfach offen, für alles was kommt. Je entspannter du durch das Leben gehst und dem Leben vertraust, umso mehr Glücksmomente wirst du wahrnehmen. Wenn du nichts erwartest, kommt das Glück! Ich nehme inzwischen ein bis zwei Glücksmomente pro Tag wahr und das finde ich unfassbar schön. An einem schweren Tag hole ich den Glücksmoment aktiv zu mir, indem ich für den Tag und alles, was ich momentan habe, Danke sage.

Meine Glücksmomente

- Selbst gemachtes Pistazieneis in Goa essen
- Bunte Kitesegel am blauen Himmel
- Rosamunde-Pilcher-Filme anschauen und die Berechenbarkeit lieben
- Kunterbunte Outfits tragen
- Über mich selbst lachen
- Yoga am Strand
- Faul sein
- Den Film »Plötzlich Gigolo« anschauen
- Playlists für meine Yogastunden zusammenstellen
- Den marokkanischen Ort Chefchaouen erobern
- Orange mit Zimt essen
- Couscous kochen
- Ein Tag in der Natur
- Sachen aussortieren
- Ein Spaziergang am Strand
- Cappuccino trinken
- Über den Markt schlendern
- Die Arbeit erledigt haben
- Der dankbare Blick meiner Yogaschüler nach der Stunde
- Wenn der Golfball richtig gut fliegt
- Muscheln sammeln und anmalen

Deine Glücksmomente

Nimm dir so viel Glück, wie du brauchst

Für mich war es ganz wichtig zu begreifen, dass Glück, Liebe, Schönheit, Gesundheit, Reichtum und Erfolg eines gemeinsam haben: Sie sind unerschöpflich. Es gibt also keinen Grund, jemand neidisch zu betrachten, zu verurteilen oder ihm etwas zu missgönnen. Wenn du verstehst, dass beispielsweise Glück unerschöpflich ist, wird dir klar, dass immer genug davon für jeden und damit auch für dich da ist.

Jemand, der glücklich oder erfolgreich ist, führt uns also nur vor Augen, dass es immer da ist und immer möglich ist. Er ist als Inspiration für uns gedacht, uns wieder mehr auf den Weg des Glücks zu begeben. Wir sollten uns für jeden freuen, der gerade glücklich ist, dann schickt uns das Universum auch etwas davon. Es hat nämlich reichlich davon zu bieten.

Es ist doch schön, jemanden, der beispielsweise hübsch aussieht oder erfolgreich ist, nach seinem Geheimrezept zu fragen. Lass dich von Menschen inspirieren, die Erfolg ausstrahlen, die schon einen Schritt weiter sind als du. Vielleicht können sie dir genau den Schritt verraten, der dir noch fehlt.

Life Lesson

Ich liebe es inzwischen, Menschen Komplimente zu machen. Ich gehe auf wildfremde Menschen zu, um ihnen zu sagen, wie hübsch sie aussehen oder dass sie einen zauberhaften Rock oder eine tolle Tasche tragen. Wenn mir jemand seine Erfolgsgeschichte erzählt oder schreibt, freue ich mich von ganzem Herzen darüber und lasse mich davon inspirieren. Probiere es auch. Wenn du Komplimente machst, wird dein Leben reicher und bunter und du bekommst es tausendfach zurück.

Musiktipp
Song for Zula,
Phosphorescent

THROW *kindness* AROUND LIKE *confetti*

Happy. Now!

Je eher du darauf vertraust, dass genug von allem, was du möchtest, liebst und begehrst, da ist, umso klarer trittst du dafür ein, es zu erreichen und desto mutiger wirst du voranschreiten. Dies gilt für alles was du dir nur vorstellen kannst: Glück, Wissen, Ausstrahlung, Achtsamkeit, Charisma, Wohlstand, Intelligenz, körperliche Nähe … Es gibt von allem genug.

Musiktipp
Thank you,
Morley feat.
Raul Midon

Danke sagen

Danke zu sagen, macht ganz einfach glücklich. Räum dir jeden Tag zum Start in deine Meditation oder einfach beim Stillsitzen den Moment ein, für das, was heute alles ist und während des Tages war, Danke zu sagen. Dein Leben wird sich dadurch verändern.

Meine Lieblings-Kundalini-Lehrerin Gurmukh sagt immer: »Danke sagen ist der Schlüssel zu allem.« Der Schlüssel, dass wir etwas zu essen haben, geliebt werden und lieben können, glücklich sind. Und auch der Grund, warum Engel zu uns kommen. Gibt es einen besseren Grund, um Danke zu sagen? Aus meiner Sicht nein! Ich will niemals ohne meine Schutzengel sein!

Sag Danke zu den großen und kleinen Dingen in deinem Leben. Zum Sonnenschein, zu deinem Zuhause, zu Menschen, die dir guttun ... Höre nicht auf, ehe dir für den Tag nichts mehr einfällt, für das du Danke sagen möchtest. Mir fällt es leichter, dieses Ritual abends durchzuführen, ich spüre mehr Stille in mir und lasse den Tag mit Zeit und Genuss noch einmal Revue passieren. Ich mache das auch oft zum Ritual auf meinem Heimweg von der Arbeit. Sehr viele Menschen, die ich dazu befragt habe, lieben es aber auch gerade morgens Danke zu sagen: den Tag mit positiven Glücksmomenten zu beginnen. Probiere es für dich aus. Wichtig ist, dass du es täglich praktizierst.

Life Lesson

Im Nachhinein kann ich sagen, dass ich früher Tage, für die ich nicht Danke gesagt habe, oft nicht so gut wahrgenommen habe, fast ein bisschen verpasst habe. Ich habe mich mehr an den Schwierigkeiten des Tages aufgehängt, als an den schönen Momenten. Es macht einen so großen Unterschied, sich mindestens einmal am Tag bewusst zu machen, welche unglaublichen Köstlichkeiten, Überraschungen, wunderschönen Alltagsmomente und Highlights jeder Tag zu bieten hat. Wenn du den Tag einfach nur so zu Ende gehen lässt, verwischt er förmlich. Ein Tag wirkt wie jeder andere. Und zurück bleibt eventuell nur der eine Moment des Tages mit einem faden Beigeschmack.

Danke zu sagen, zaubert automatisch ein Lächeln auf dein Gesicht. Auch das hat mir früher oft gefehlt. Durch das Dankesagen lächle ich öfter. Wenn ich in meinen Yogastunden für die Schüler den Moment einräume, in dem sie für das, was heute war, Dankesagen, sehe ich sofort, wie sich ihr Gesicht verändert. Die Gesichtszüge werden weicher, die Mundwinkel wandern nach oben, die Schultern werden sichtbar entspannter. Face-Lifting im Schnellverfahren!

Happy. Now!

Um deine Technik, Danke zu sagen zu verfeinern, empfehle ich dir, dir bewusst zu machen, was du zu allem beigetragen hast, wofür du Danke sagst. Du wirst sehen, dass du zu allem und jedem, zu dem du Danke sagst, etwas beigetragen hast. Und das macht dich vor dem zu Bett gehen unfassbar glücklich und du schläfst glücklich ein. Am Anfang ist es manchmal schwer sich klarzumachen, was der eigene Beitrag dazu war. Aber du wirst schnell sehen, dass du immer einen Teil zu deinem Glück beigetragen hast. Probiere es aus, es wird dir jeden Tag leichter fallen.

Musiktipp
Now we are free,
Walt Fowler

Ein Tag ohne Bewertung

Um unsere Gedankenmuster zu durchbrechen, ist es sehr wichtig, sie zu verstehen. Wie entstehen unsere Gedanken? Indem wir ein Ereignis bewerten, darüber urteilen, unsere Schlussfolgerung aus früheren Erfahrungen dazu ziehen, es also interpretieren. Das sind unsere Gedanken. Und aus unserer Interpretation oder Beurteilung des Ereignisses entstehen unsere Gefühle. Das Ereignis an sich ist weder gut noch schlecht. Das Ereignis ist einfach.

Gehen wir davon aus, das Ereignis ist, dass die Sonne scheint. Das ist erst einmal weder gut noch schlecht. Fakt ist: Die Sonne scheint. Der eine freut sich darüber, weil er beim letzten Mal bei Sonnenschein Eis essen war und es ein absolut wunderbarer Tag war, und geht glücklich Eis essen. Der andere verzweifelt über die Sonne, weil er nicht weiß, wie er sein riesiges Kornfeld allein bewässern soll. Das ist die jeweilige Interpretation des Ereignisses, also unsere Gedanken zu diesem Ereignis. Die Gefühle folgen nicht dem Ereignis, sondern unserer Interpretation. Entweder ich fühle mich gut, weil ich denke, ein sonniger Tag ist für mich ein guter Tag. Oder ich lasse meine Schultern hängen und verzweifle, weil ich Angst um mein Feld habe. Da die drei Wahrnehmungsebenen »Ereignis«, »Interpretation« und »Gefühl« sehr dicht aufeinander folgen, denken wir oft, dass das Ereignis der Grund für unsere Gefühle ist. Wenn es uns aber mehr und mehr gelingt, das Ereignis neutral zu sehen und unsere Gedanken- und Gefühlswelt davon zu lösen, sind wir sehr viel klarer und einen riesigen Schritt weiter.

Life Lesson

Natürlich habe auch ich viele Momente, in denen ich mich traurig oder ängstlich fühle oder genervt bin. Sobald ich das wahrnehme, halte ich inne und frage mich, was passiert ist und warum ich mich so fühle. Was also zu was geführt hat. Oft kann ich mein Gefühl schon dadurch auflösen, weil ich noch einmal zurückblicke. Beispielsweise ärgere ich mich darüber, dass die Yogastunde, die ich gerade gegeben habe, noch besser hätte gestaltet sein können. In dem Moment, in dem ich das durchleuchte, fällt mir auf, dass sich einige Schüler für die schöne Stunde bedankt haben und viele andere mit einem ganz entspannten Gesicht nach Hause gegangen sind. Also nur ich habe in meinem Kopf kreiert, dass der Stunde noch etwas gefehlt hat. Und ich frage mich dann auch, ob ich das, was mich ärgert, ändern kann? Natürlich nicht, ich kann ja nicht alle Schüler zurückholen und die Stunde noch einmal geben. Ich kann mir nur für die nächste Stunde mit dem gleichen Thema vornehmen, das Vergessene zu ergänzen. Damit habe ich den Knoten in meinem Kopf bewusst aufgelöst. Und das Ereignis mit der Interpretation und meinem Gefühl kann aus meinem Körper und meinen Gedanken weichen. Probiere diese Technik für dich aus. Mehr und mehr führt sie zu einer Art »Ärgernis-Alzheimer«. In dem Moment, in dem du deine Gedanken analysierst, vergisst du deinen Ärger.

Happy. Now!

Versuch Folgendes mal eine Minute lang: Du gehst durch die Straße oder durch das Büro und versuchst, nichts und niemanden zu bewerten. Bei Menschen, bei denen das für mich schwierig ist, sage ich mir immer den Satz: Er ist auf der gleichen Suche wie ich, auf der Suche nach dem Glück. Und schon muss ich schmunzeln und mag diesen Menschen ein wenig mehr.

Mach diesen Selbstversuch so oft und so lange wie du magst, du wirst schnell erkennen, wie oft deine Gedanken und Gefühle aus einem Ereignis heraus entstehen und, du wirst daraus mehr und mehr für dich mitnehmen, dass du das alles in deinem Kopf selbst machst. Dein Glück, aber auch dein Unglück. Übe dich darin, die Dinge als neutrales Ereignis zu sehen und schmunzle über dein Kopfkino. Das Ereignis ist einfach. Mach daraus einen kleinen Wettbewerb mit einem Freund. Geht durch die Straßen und schaut, was passiert. Mir geht es hier vor allem darum, dass du verstehst, welcher Bereich das Ereignis ist, welcher Teil die Gedanken dazu und die Gefühle sind. Starte erst einmal mit ein paar Minuten. Wenn du ein Profi bist, gelingt es dir vielleicht irgendwann, einen ganzen Tag lang.

Meine Lieblingsgeschichte dazu

In einem chinesischen Dorf lebte ein alter Mann, der ein wunderschönes weißes Pferd besaß. Darum beneideten ihn selbst die Fürsten. Der Greis lebte in ärmlichen Verhältnissen, doch sein Pferd verkaufte er nicht, weil er es als Freund betrachtete. Als das Pferd eines Morgens verschwunden war, erzählte man sich im ganzen Dorf: »Schon immer haben wir gewusst, dass dieses Pferd eines Tages gestohlen würde. Welch ein Unglück für diesen alten Mann!« »So weit dürft ihr nicht gehen«, erwiderte der alte Mann. »Richtig ist, dass das Pferd nicht mehr in seinem Stall ist, alles andere ist Urteil. Niemand weiß, ob dies ein Unglück ist oder ein Segen.« Nach zwei Wochen kehrte der Schimmel, der nur in die Wildnis ausgebrochen war, mit einer Schar wilder Pferde zurück. »Du hast recht gehabt, alter Mann«, sprach das ganze Dorf, »es war ein Segen, kein Unglück!« Darauf erwiderte der Greis: »Ihr geht wieder zu weit. Tatsache ist nur, dass das Pferd zurückgekehrt ist.« Der alte Mann hatte einen Sohn, der nun mit diesen Pferden zu arbeiten begann. Doch bereits nach einigen Tagen stürzte er von einem Pferd und brach sich beide Beine. Im Dorf sprach man nun: »Alter Mann, du hattest recht, es war ein Unglück, denn dein einziger Sohn, der dich im Alter versorgen könnte, kann nun seine Beine nicht mehr gebrauchen.« Darauf antwortete der Mann: »Ihr geht wieder zu weit. Sagt doch einfach, dass sich mein Sohn die Beine gebrochen hat. Wer kann denn wissen, ob dies ein Unheil ist oder ein Segen?« Bald darauf brach ein Krieg im Lande aus. Alle jungen Männer wurden in die Armee eingezogen. Einzig der Sohn des alten Mannes blieb daheim, weil er ein Krüppel war. Die Bewohner des Dorfes meinten: »Der Unfall war ein Segen, du hattest recht.« Darauf entgegnete der alte Mann: »Warum seid ihr vom Urteilen so besessen? Richtig ist nur, dass eure Söhne ins Heer eingezogen wurden, mein Sohn jedoch nicht. Ob dies ein Segen oder ein Unglück ist, wer weiß?«

Musiktipp
Earned it,
The Weeknd

Fifty shades of pink

Es gibt nicht nur schwarz oder weiß, Yin oder Yang, schön oder hässlich. Es gibt ganz viele Nuancen dazwischen. Ich nenne sie Fifty shades of pink, denn alle Nuancen sind wichtig und wundervoll. Es ist für uns von grundlegender Bedeutung, die Offenheit für die Nuancen dazwischen wieder zu entdecken. Wir neigen dazu, Menschen, Orte, Begegnungen, Momente und Ereignisse sehr schnell in Schubladen zu stecken. Als gut oder schlecht, als traurig oder lustig, als nervig oder guttuend, als inspirierend oder langweilig einzuordnen. Wir bilden uns ein Urteil, das dann Allgemeingültigkeit bekommt. Tatsache ist aber, dass jeder Mensch, jedes Ereignis, jeder Moment ganz viele Nuancen an Bewertung zulässt. Gehen wir aus unserem Schubladendenken heraus, öffnen wir die Tür für ganz neue Einblicke. Und plötzlich sehen wir sehr viel Gutes, Fröhliches, Besonderes, Kreatives, Schönes. Wir sehen viel mehr Pinkschattierungen als schwarz.

Ich übe das mit meinen Schülern in den einzelnen Yogaübungen. Jeder hat seine Lieblingsasanas im Yoga und jeder empfindet einige Asanas als schwer oder herausfordernd. Tatsächlich kann es uns aber gelingen, in dem für uns herausforderndsten Asana einen Moment von Leichtigkeit und perfekten Atem zu finden. Ich bitte die Schüler dann immer, in dem Asana, das sie nicht mögen oder das sie als sehr anstrengend empfinden, darauf zu achten, ob es einen Bereich ihres Körpers gibt, der sich gerade wohlfühlt. Sei es der große Zeh, die rechte Schulter oder seien es die Haare! Ganz im Ernst: Es gilt, die Bereiche des Körpers zu finden, die sich wohlfühlen. Wenn wir uns verstärkt darauf konzentrieren, welche Körperteile im Asana schmerzen oder wo die Anstrengung gerade stattfindet, ist die Übung auch wirklich anstrengend und schwierig für uns.

Life Lesson

Die Nuancen können auch wunderbar bei Orten entdeckt werden. Meine Schwester und ich haben es uns zur Aufgabe gemacht, Japan mit allen seinen Facetten zu lieben. Schon bevor wir jemals dort gewesen waren, hatten wir beschlossen, dass Japan unser Land ist. In den drei Wochen, in denen wir durch dieses aufregende, wunderschöne und so andersartige Land gereist sind, gab es für uns nur den einen Spruch: Everything is better in Japan! Wir haben uns alles angesehen: Menschen, Gebäude, Spielhöllen, Restaurants, Wohnungen, Straßen, Schilder, Kleidung, Yogastudios. Und immer wieder löste sich in uns der Satz: Everything is better in Japan. Selbst die Nachtische waren so unglaublich lecker wie wir es noch nirgends erlebt hatten.

Wir hatten beschlossen, alle Facetten Japans, aber auch wirklich alle interessant zu finden und auch in den schwierigen Momenten unseren Blick auf die Nuancen dazwischen zu lenken. Selbst die für uns unlesbaren Schriftzeichen auf den U-Bahn-Schildern betrachteten wir als außergewöhnlich schöne Kunstwerke. Gingen wir verloren, nahm uns jemand an die Hand. Gab es einen schwierigen Moment, blieben wir offen für die Andersartigkeit des Landes und nahmen uns Zeit zu verstehen, warum das hier so gemacht wird. Wir hatten den Blick auf groß und offen gesetzt und uns darauf festgelegt, in allem und jedem in Japan etwas Gutes zu sehen. Und Tatsache war, wir lernten Menschen kennen, die unser U-Bahn-Ticket für uns kauften, als wir verwirrt vor dem Automaten standen. Ein Restaurantbesitzer rief den Freund vom Freund und dessen Freund an, der Englisch konnte und uns die Speisen auf der Karte übersetzte. Mit unserem Blick auf die vielen Nuancen in Japan wurden wir mit dem schönsten Urlaub unseres Lebens belohnt. Nur einmal ging es ein bisschen schief: Als wir es ablehnten, eine Auster zu essen, bekamen wir als Alternative eine riesige, glibberige Schnecke, die wir vor den Augen aller essen mussten, um unser Gesicht nicht zu verlieren. Naja, es klappt eben nicht immer!

Happy. Now!

Wenn wir den Blick auf die Nuancen dazwischen richten, kann es uns gelingen, einen Moment oder einen Menschen plötzlich ganz anders zu sehen und zu empfinden.

Mir gelingt es am schnellsten tatsächlich in meinen Yogaübungen, aber vielleicht ist es bei deiner Sportart genauso möglich. Bei Menschen können wir es auch gut üben. Jeder Mensch hat Nuancen, Charaktereigenschaften, die wir an ihm lieben lernen können. Wenn wir den Blick für die vielen Nuancen offen halten, sehen wir so viel mehr im Leben und kommen mehr und mehr aus dem Bewerten ins Fühlen. Das macht unser Leben so viel reicher, größer und aufregender.

Let Coffee-to-go go

Es ist nur ein kleiner Tipp von mir. Aber ich muss ihn unbedingt loswerden, da er mir schon so viele Glücksmomente beschert hat. Als mein Yogalehrer Patrick Broome uns in einer seiner Stunden darauf aufmerksam machte, wie unsinnig es für die Umwelt ist, dass wir uns alle angewöhnt haben, mit einem Coffee-to-go-Becher durch die Straßen zu laufen, habe ich noch in dieser Yogastunde beschlossen, niemals mehr einen solchen Becher zu benutzen, sondern mir immer den Moment zu nehmen, mich in Ruhe für meinen Kaffee hinzusetzen. Das hat für mich mehrere Gründe: Der eine ist natürlich der Gedanke, nicht noch mehr Müll auf diesem wunderschönen Planeten zu erzeugen. Der andere Gedanke ist, dass ich seitdem so viele schöne, ruhige oder auch unterhaltsame Momente in einem Café genossen habe. Ganz ehrlich: Die zehn Minuten zum Hinsetzen für einen Kaffee hat man doch eigentlich fast immer. Entweder ich nutze den Moment, um das Leben um mich herum in Ruhe zu betrachten. Oder ich schließe die Augen für einen wunderbaren Tagtraum. Oft komme ich auch mit den Menschen um mich herum im Café ins Gespräch. Ich habe so viel mehr damit gewonnen, nicht mehr in Hetze mit meinem Becher durch die Straßen zu rennen! Und das Erstaunlichste: Kaffee im Becher schmeckt furchtbar! Aber das merkst du erst, wenn du nur noch aus Porzellan trinkst, und es dann doch einmal im Jahr wieder ausprobierst, aus einem Becher zu trinken. Coffee-to-go ist so »last season«, so »out of fashion«. Let it go!

Life Lesson

Dieses Bewusstsein hat bei mir dazu geführt, noch viel mehr Momente in meinem Leben zu entstressen. Ich setze mich ganz oft für einen Moment auf eine Bank oder an einen Platz und betrachte für einen ruhigen, bewussten Augenblick das Leben um mich herum. Gerade wenn ich merke, dass ich besonders hektisch werde, weil mir die Zeit davonläuft. Das entschleunigt mich sehr. Und ich entdecke dabei immer wieder zauberhafte Menschen, Kinder oder Gebäude, die ich noch nie vorher gesehen hatte, obwohl ich an diesem Platz schon zigtausend Mal war.

Happy. Now!

Meistens ist es nicht nur der Coffee-to-go, den wir uns als hektisches Ritual angewöhnt haben. Durchleuchte deinen Alltag nach weiteren unsinnigen, schnellen Handlungen, die das Leben vermeintlich entstressen, aber in Wirklichkeit das Leben weder schöner machen noch Zeit bringen.

Bei mir sind das zum Beispiel die Momente, in denen ich meine, alle zwei Minuten auf mein Handy blicken zu müssen, um Nachrichten zu checken. Oder kurz bevor ich unterrichten gehe, doch noch meine E-Mails lesen zu müssen. Ich erzeuge damit so viel mehr Stress für mich, als dass ich Zeit gewinne. Und lasse es, sobald ich das erkannt habe, einfach sein.

I´m sorry for what i said before i yoga-ed.

Verlieb dich in dein Leben

Einen Scheiß muss ich

Und dann gibt es diese Tage, an denen du einfach nur du bist und dich an keine Regeln hältst. Kuchen bäckst, um nur den Teig zu essen; für einen Tag ans Meer fährst, um den Sand unter den nackten Füßen zu spüren; Currywurst mit Pommes dein Frühstück ist; du den Lieblingsfummel einfach kaufst, weil er geil ist; Yoga schwänzt, um im Kino einen so not sophisticated Film anzuschauen; du alle anschwindelst, um allein zu sein; dein Handy auf off ist, obwohl dein Chef dich braucht. Be Pippi, not Annika!

Einen Scheiß muss ich! Diese Tage sind so wichtig und ein Teil von dir. Trage dir mindestens einmal im Monat einen »Einen-Scheiß-muss-ich«-Tag in deinen Kalender ein. Am besten alleine. Mitmachen dürfen nur echte »Einen-Scheiß-muss-ich«-Kenner und -Könner. Stehe dazu, du zu sein und zu tun und zu lassen, was du möchtest. Wenn du diese Seite in dir mehr und mehr auslebst, hast du weniger Verspannungen in den Schultern, lachst mehr und nimmst das Leben, dich und die anderen Menschen nicht immer so ernst.

Verstehe ich, akzeptiere ich, finde ich trotzdem Scheiße!

Life Lesson

Diese »Einen-Scheiß-muss-ich«-Momente sind auch ganz wichtig, wenn du eine Familie hast. Meine Freundin Steffi nennt das »Ich streike heute«. Sie bleibt dann den ganzen Tag im Schlafanzug und macht es sich mit vielen Zeitschriften und Büchern im Bett gemütlich. Haushalt machen, Essen kochen, Wäsche waschen – Fehlanzeige. Alles bleibt liegen. Und, oh Wunder, Papa und Kinder schaffen es auch ganz alleine. Und genießen diesen Tag sehr, weil mal alles nicht so perfekt ist und deshalb viel mehr Spaß macht.

Musiktipp
Devil's water,
Rennie Foster

Happy. Now!

Es ist von grundlegender Bedeutung, sich selbst besser kennenzulernen. Deine Bedürfnisse, deine Wünsche, deine Träume, deine Geheimisse. Wie willst du deine Träume leben, wenn du sie nicht rauslässt, sie nicht kommunizierst, sie nicht lebst? Wenn Teile deiner Persönlichkeit zugeschlossen bleiben? Sei verrückt, sei du! Und das ganz Überraschende daran ist: Die Menschen werden dich für deine Natürlichkeit bewundern und dich als echt wahrnehmen. Habe keine Scheu davor, dich auszuprobieren.

Excuse me, I have to be awesome

Ganz eng miteinander verbunden sind die »Einen-Scheiß-muss-ich«-Tage und die »Excuse-me-I-have-to-be-awesome«-Tage. Gerade wenn du weißt, dass du heute viele schwierige Dinge zu meistern und viele Dinge zu erledigen hast, die du nicht gerne magst, zieh dein Lieblingsoutfit an, mal dir die Fingernägel bunt, mache dir deine Lieblingsfrisur, trag etwas Knallrotes und hol deine verrückteste Handtasche heraus. Es ist ein bisschen der Pippi-Langstrumpf-Effekt: Wenn du dich hübsch und stark fühlst, wirst du es auch sein und ausstrahlen.

I eat glitter for breakfast, lunch and dinner.

Life Lesson

Wenn mein Lieblingsoutfit nicht ausreicht, um mich stark zu fühlen, habe ich im Coaching gelernt, dass es ein sehr kraftvoller und grenzsetzender Akt ist, mir mein imaginäres Schutzmäntelchen überzuziehen. Ich stelle mir also, bevor ich einen Raum für ein wichtiges Gespräch betrete, vor, dass ich diesen Schutzmantel überziehe und alles Negative und Schlechte perlt einfach nur daran ab und gelangt erst gar nicht bis zu mir. Dadurch bleibt meine Kraft bei mir und ich lasse nicht mehr so viel Energie in einem schwierigen Gespräch. Gestalte dir deinen Schutzmantel mit Spaß und Liebe. Meiner hat auf jeden Fall ein Leopardenmuster und ist pink!

Happy. Now!

Stell dich zur Vorbereitung deines erfolgreichen Tages drei Minuten ganz aufrecht hin, deine Beine mehr als hüftbreit geöffnet, Knie leicht gebeugt, Hände in die Hüften und lächle. Genau! Mindestens drei Minuten, auch wenn dir das gerade, während du es ausprobierst, sehr blöd vorkommt. Aber dein Körper speichert diese Haltung und das Lächeln ab und du wirst aufrecht und strahlend durch den Tag gehen.

Wenn du ein wichtiges Gespräch vor dir hast, führe es immer im Stehen. Auch am Telefon einfach aufstehen, dann ist deine Stimme klarer und ausdrucksvoller. Und am besten übst du ein paar Sätze vorher mit einem Bleistift oder Korken im Mund (einfach zwischen die Lippen stecken). Sage die ersten Sätze, die du sagen willst, ein paarmal mit einem Stift im Mund und dann ohne. Du wirst eine ganz andere Stimme bzw. Präsenz in deiner Stimme haben.

Musiktipp
Soak it up,
Houses

Stop the glorification of busy

Den Spruch »Stop the glorification of busy« schickte mir eine Freundin als Nachricht genau in dem Moment, als ich gerade das Kapitel über Entschleunigung in meinem Buch geschrieben habe. Ja, es gibt keine Zufälle wie wir Yogis sagen. Dieser Spruch sagt genau aus, was ich beschreiben möchte. In letzter Zeit ist mir mehr und mehr aufgefallen, wie sehr wir alle nach außen kommunizieren, wie beschäftigt wir gerade sind. »Puh, ganz gut viel zu tun, ich bin ganz schön gestresst. Im Job ... die nächste Reise ... noch 50 E-Mails ... und dann auch noch ... Ich muss gleich los und ... besorgen ... und dann auch noch nachher zum Yoga.« Wenn dein aktuelles Mantra lautet »Ich bin gestresst«, dann bist du es auch. Du musst es dir nur oft genug aufsagen.

Was würde passieren, wenn wir sagen: »Ich saß gerade eine Viertelstunde auf einer Bank in der Sonne und habe den Moment genossen.« Wir würden diese Ruhe mit einem sanften Lächeln ausstrahlen. Unser Gegenüber wäre irritiert, neidisch oder verwirrt. Aber das ist es meiner Ansicht nach wert. Relaxed is the new busy!

Life Lesson

Ich hab mir deshalb ein neues Mantra angewöhnt. »Ich habe Zeit, ich habe richtig viel Zeit.« Wann immer ich in den Modus komme, gestresst zu sein, ungeduldig, weil ich warten muss, weil der Tag nicht genug Stunden hat, um meine To-do-Liste zu erledigen, sage ich das Mantra ein paarmal für mich auf. Im gleichen Moment entspannen sich mein Körper, meine Schultern und mein Atem. Und ich gewinne Zeit, Klarheit und Konzentration. Du kannst mit einem Mantra deine Einstellung und deine Körperhaltung komplett verändern.

Happy. Now!

Mach den Ich-bin-noch-mehr-busy-als-du-Wahn nicht mit! Freu dich lieber über das verwirrte Gesicht deines Gegenübers, wenn du sagst, dass du es heute ganz ruhig angehen lässt und dir gerade in der Wiese liegend die Wolken angeschaut hast. Du schaffst mindestens das gleiche Tagespensum, nur bekommst du kein Kopfweh und keine verspannten Schultern vom busy sein.

Wenn du merkst, dass du in deinem Tagesablauf ungeduldig und angespannt wirst, nutze das Mantra »Ich habe Zeit, ich habe richtig viel Zeit«. Sag es so lange für dich auf, bis du spürst, dass Hektik und Eile von dir abfallen. Das Mantra ist wirklich eine Wunderwaffe. Viel Spaß damit!

Und noch ein zusätzlicher Tipp: Streich die Worte »Stress« und »gestresst« komplett aus deinem Wortschatz. Du wirst sehen, dass das Streichen dieser Worte aus deinem Vokabular den wunderbaren Effekt hat, dich zu entspannen. Manche Momente sind vielleicht herausfordernd, spannend oder abwechslungsreich. Versuche Umschreibungen zu finden, die dich mit positiver Energie füllen oder einfach nur zum Lachen bringen. Am Anfang wirst du merken, wie oft du die Worte »Stress« oder »gestresst« noch gerne sagen möchtest oder sagst. Aber es wird weniger und weniger werden und hat einen nachhaltigen Effekt auf dein Gefühl, unter Strom zu stehen.

Der Weg von A nach B

Manchmal erwischen wir uns dabei, dass wir in der Küche stehen und gar nicht mehr wissen, warum wir gerade aus dem Wohnzimmer hierher gekommen sind. Auf dem Weg von A nach B haben wir den Faden verloren. Wenn wir dann wieder ins Wohnzimmer zurückgehen und sehen, dass die Blumenvase Wasser braucht, fällt uns wieder ein, warum wir losgelaufen waren. In dem Moment, wo wir auf dem Übergang von A nach B nicht in der Gegenwart sind, sondern uns schon wieder unzählige andere Gedanken durch unseren Kopf blitzen, verlieren wir uns irgendwo in der Vergangenheit oder in der Zukunft.

Life Lesson

Hier schult uns Vinyasa-Yoga darin, dass A genauso wichtig ist wie B und dass der Übergang von A nach B genauso wichtig ist wie A oder B selbst. Was ich damit sagen will: Es gibt keinen wichtigen und keinen unwichtigen Moment. Alles ist gleich wichtig. Weil es die Gegenwart ist.

Es ist von Bedeutung zu verstehen, dass wir eventuell einem ganz besonderen Moment seine wunderbare Bedeutung nehmen, wenn wir im Kopf schon wieder einen Schritt weiter sind. An meinem Sohn Liam sehe ich, dass alle Momente für ihn gleich wichtig sind und er nie in Eile ist. Der Moment, am Gepäckband auf unsere Koffer zu warten, hat für ihn die gleiche Bedeutung, wie am Meer im Sand zu spielen. Nur wir Erwachsene stehen hektisch am Gepäckband, um endlich unsere Füße im Sand ausstrecken zu können. Gestresst drängen wir uns um das Gepäckband, als ob es dadurch schneller ginge und als ob es darauf ankäme. Gerade, wenn du dich in so einem Moment erwischst, in dem du dich stresst, weil es nicht schnell genug geht, hole dir dein Mantra »Ich habe Zeit, ich habe richtig viel Zeit« in Erinnerung. Und betrachte mal die Menschen um dich herum, die sich ganz nah an das Gepäckband quetschen und niemand hilft dem anderen, wenn ein schwerer Koffer kommt. Man könnte ja seinen eigenen Koffer verpassen! Wenn du dieses Schauspiel ein paar Momente von außen betrachtest, musst du unweigerlich lachen und erwartest deinen Koffer

automatisch in Stille und Gelassenheit. Kommen deine Koffer deswegen langsamer bei dir an? Nein, du bist nur nicht so gestresst!

Im Vinyasa-Yoga schulen wir uns für die Übergänge, in dem wir üben, überhaupt wahrzunehmen, was wir in den Übergängen genau tun. Beispielsweise: Wie komme ich vom Krieger II in den Halbmond? Wie atme ich? Bringt mich die Ein- oder die Ausatmung besser in die Pose? Welches Bein beuge ich wann? In welchem Moment hilft es mir, dass ich die Augen auf einen Punkt fixiere? Wann platziere ich meine Hand unter der Schulter am Boden? Wann öffne ich die Hüfte? In welchem Moment bekomme ich das Gefühl, stabil zu stehen? Jeder Übergang im Yoga und jede einzelne Pose bestehen aus unzählig vielen Puzzleteilen, die alle gleich wichtig sind. Wenn ich das mit den Schülern in meinen Yogalehrerausbildungen übe und wir einzelne Übergänge, um sie für uns zu erspüren, unzählige Male wiederholen, merken die Schüler erst, wie viele einzelne Schritte zwischen den Posen passieren und wie kraftvoll ein optimaler Übergang im Idealfall sein muss, um im Hier und Jetzt zu bleiben. Und nicht schon wieder in Gedanken bereits im Halbmond zu stehen und den Übergang verpasst zu haben. Wenn du so Yoga praktizierst, dass jede Bewegung, die du machst, gleich wichtig ist, entwickelst du eine besonders kraftvolle und ganz intensive Art, Yoga zu praktizieren. Dein Yoga wird wie ein Tanz anmuten. Du bist im Moment und benutzt in jeder Sekunde jeden Muskel und dabei leert sich der Kopf auf magische Weise.

yoga

Happy. Now!

Wenn du das für dich selbst zu Hause üben möchtest, empfehle ich dir, in den größten Raum deiner Wohnung zu gehen und dir ein wenig Platz auf dem Fußboden zu schaffen. Dann verbinde dir mit einem leichten, weichen Tuch oder Schal die Augen. Nimm ein Tuch, das wirklich blickdicht ist, damit du gar nichts mehr siehst. Und dann schreite mit verbundenen Augen langsam durch das Zimmer. Nimm wahr, wie du die Füße abrollst. Kommst du mit dem ganzen Fuß auf oder erst mit dem Fußballen oder der Ferse? Fühlen sich deine Schritte gleichmäßig an? Wie verbindest du Schritt und Atmung? Mach das für ein paar Minuten. Erst wirst du dich ein wenig unsicher fühlen und dann wirst du dich mehr und mehr ausprobieren und wahrnehmen.

Wenn du Yoga praktizierst, mach mit verbundenen Augen einen ganz einfachen Sonnengruß und ein paar stabilisierende Haltungen wie den Krieger II. Am Anfang fühlst du dich vielleicht ein wenig wackelig und atmest sehr schnell. Aber wenn du wieder zu deiner ruhigen, tiefen Atmung zurückfindest, nimmst du wahr, dass der Boden dich trägt. Du wirst langsamer praktizieren als jemals zuvor. Da du nichts sehen kannst, wirst du nun auf alle anderen Sinne achten. Wie platzierst du die Hände? Wann verlagerst du dein Gewicht? Du wirst dein optimales Tempo finden, da du nicht schauen kannst, wie jemand anderes die Pose macht. Du wirst deine eigene Praxis entwickeln. Und du wirst ganz automatisch nach einer Weile jede Bewegung mit einem Atemzug verbinden. Du kommst in den Moment der bewegten Meditation und stellst fest, dass es mit geschlossenen Augen keinen Unterschied zwischen dem Übergang und der Pose gibt.

Musiktipp
Beautiful day,
Aykanna

Dein Tempo, dein Leben

Mal dir ein großes Zifferblatt auf ein Blatt Papier und schreib dir in deiner Uhr die Zeiten und Dinge ein, die du an einem normalen Tag tust. Beispielsweise Duschen, Anziehen und Frühstück machen von 6.30 bis 7.30 Uhr. Kinder zur Schule bringen von 7.30 Uhr bis 8 Uhr. Einkaufen. Arbeiten. Kochen. Telefonieren, Fernsehen, Schlafen ... Sei ehrlich mit dir selbst. Haushalt ist zum Beispiel ein wichtiger Punkt, trag dir dafür Zeit auf deinem Zifferblatt ein. Dann wunderst du dich auch nicht mehr, wo die Zeit während des Tages geblieben ist. Schau dir in Ruhe das Zifferblatt an. Meist ist es erst einmal ein Riesenchaos und du siehst, dass sehr wenig Zeit für dich übrig bleibt. Sobald uns das bewusst wird, haben wir die Möglichkeit, das zu ändern.

Wenn du glaubst, dass du keine Zeit für frische Luft, eine Viertelstunde Yoga oder für gesundes Essen hast, schau dir an, wie viel Zeit du pro Tag am Handy und vor dem Fernseher verbringst. Diese Zeit könntest du zum Beispiel in Zukunft nutzen, um dir etwas Gesundes zu kochen, an der frischen Luft spazieren zu gehen oder zu meditieren. Oder du läufst öfter zu Fuß zur Arbeit als mit dem Bus oder Auto zu fahren. Deine Verabredung mit den Mädels jeden Mittwoch würdest du viel lieber für Yoga nutzen? Dann tu es, es ist deine Zeit. Du willst morgens meditieren, dann geh abends 15 Minuten früher zu Bett und steh morgens früher auf. Leg dir abends schon die Kleidung für dich und die Kinder raus und spare dadurch wertvolle Zeit. Was willst du gerne tun und für was opferst du wertvolle Zeit? Mach dir das genau bewusst.

Wenn du sehr unterschiedliche Tage hast, mal dir so viele Zifferblätter wie du brauchst, um herauszufinden, was deine Zeitfresser sind. Sei auch kreativ in Dingen, die du umverteilen kannst, bei denen dir jemand helfen kann. Vielleicht kann die Nachbarin zweimal die Woche die Kinder mit abholen und du kannst dafür die Suppe etwas größer kochen und der Nachbarin etwas abgeben. Gönne dir Hilfe.

Dann mal dir dein Lieblingszifferblatt und hänge es mit deinem Mantra »Ich habe Zeit, ich habe richtig viel Zeit« in deinen Schrank, sodass du es über die ersten Wochen morgens und abends noch einmal verinnerlichen kannst. Genieße deine gewonnene Zeit und ärgere dich nicht,

wenn es mal nicht so perfekt klappt. Du hast jeden Tag die Möglichkeit, deine 24 Stunden Zeit neu zu gestalten.

Wenn du jemand bist, der sich Termine gerne in den Kalender oder ins Handy einträgt, trage dir mindestens zweimal die Woche ein Date mit dir selbst ein, verbringe die Zeit so wie du möchtest mit dir! Meine Idee dazu: Mach einmal die Woche etwas Neues. Geh einen neuen Weg in die Arbeit; geh mit einem Kollegen essen, für den du dich bisher nicht sonderlich interessiert hast; probiere eine neue Sportart aus; teste das neue Lokal um die Ecke ... Dein Geist bleibt dadurch frei und offen, und du lebst nicht nur in deinen Mustern und Ritualen. Das schafft Platz im Kopf und erweitert deinen Horizont.

Happy. Now!

Dazu fällt mir noch die Geschichte vom magischen Bankkonto ein: Stell dir vor, du hast bei einem Wettbewerb den folgenden Preis gewonnen: Jeden Morgen stellt dir die Bank 86.400 Euro auf deinem Bankkonto zur Verfügung. Doch dieses Spiel hat – genau wie jedes andere auch – gewisse Regeln. Die erste Regel lautet: Alles, was du im Lauf des Tages nicht ausgegeben hast, wird dir wieder weggenommen. Du kannst das Geld nicht einfach auf ein anderes Konto überweisen, du kannst das Geld nur ausgeben. Aber jeden Morgen, wenn du erwachst, stellt dir die Bank erneut 86.400 Euro zur Verfügung. Die zweite Regel ist: Die Bank kann das Spiel ohne Vorwarnung beenden. Zu jeder Zeit kann sie sagen: Es ist vorbei, das Spiel ist aus. Sie kann das Konto schließen und du bekommst kein neues mehr. Was würdest du tun? Du würdest dir alles kaufen, was du möchtest? Nicht nur für dich selbst, auch für alle anderen Menschen, die du liebst? Vielleicht sogar für Menschen, die du nicht einmal kennst, da du das nie alles für dich allein ausgeben könntest? In jedem Fall aber würdest du versuchen, jeden Cent so auszugeben, dass du ihn bestmöglich nutzt, oder? Weißt du, eigentlich ist dieses Spiel die Realität. Jeder von uns hat so eine magische Bank. Wir sehen sie nur nicht, denn die Bank ist die Zeit. Jeden Morgen, wenn wir aufwachen, bekommen wir 86.400 Sekunden Leben für den Tag geschenkt, und wenn wir am Abend einschlafen, wird uns die ungenutzte Zeit nicht gutgeschrieben. Was wir an diesem Tag nicht gelebt haben, ist verloren, für immer verloren. Gestern ist vergangen. Jeden Morgen beginnt sich das Konto neu zu füllen, aber die Bank kann das Konto jederzeit auflösen, ohne Vorwarnung. Was machst du also mit deinen täglichen 86.400 Sekunden? Sind sie nicht viel mehr wert als die gleiche Menge in Euro? Also, fang an, dein Leben zu leben!

Lächle nie über jemand, der einen Schritt zurück macht. Er könnte Anlauf nehmen.

Musiktipp
Big picture,
London Grammar

Kreiere dein eigenes Gute-Laune-Mantra

Eine meiner Lieblingsaktivitäten ist es, Sprüche und Zitate zu sammeln, die mich zum Lachen bringen, motivieren, mich an einen besonders schönen Moment oder an eine Reise erinnern, mich in die Gegenwart zurückholen oder mir das Ausmaß der Größe des Universums zeigen.

Wenn meine Schwester oder ich einen schweren Tag hatten, gibt es für uns nichts Schöneres, als sich den passenden Spruch rauszusuchen, ein paar Momente darüber nachzudenken, sich etwas dazu zu notieren oder sich einfach von dem Zitat wegtragen zu lassen. Wir kreieren auch ganz viele Sprüche selbst. Die eigenen Sprüche haben oft die größte Wirkung. Meistens sind es Sprüche, die im Urlaub aus der Situation heraus entstanden, etwa »Einfach mal die Fresse halten« oder »Ich kann böig«. Ich bin sicher, dass auch du mit deinen Freunden und deiner Familie schon viele solcher Sätze kreiert hast.

Der Satz »Der Wind ist mein Freund« ist beispielsweise eine Kreation von mir, als ich vor lauter Angst vor dem Wind und den Wellen nicht auf mein Kiteboard steigen wollte. Es fiel mir sehr schwer, aus meiner Komfortzone rauszugehen. Also rief ich mir ganz tapfer selbst zu: »Der Wind ist mein Freund«. Wann immer ich seitdem einen schweren Tag habe und morgens nicht aus dem Bett will, rufen mein Mann und ich im Duett: »Ich umarme den Tag, der Wind ist mein Freund!«. Und tatsächlich, dieses Mantra funktioniert, es bringt mich zum Lachen und motiviert mich, mutig und stark zu sein.

Happy. Now!

Kreiere dir für dich allein und gemeinsam mit deinen Freunden eine kleine Liste oder Datei mit Sprüchen und Fotos, die dir und euch gut tun, die Spaß machen, die Lebensfreude ausstrahlen. Hänge dir einen Spruch neben das Bett, einen an den Spiegel und einen an die Ausgangstür. Und du wirst mit einem Lächeln den Tag beginnen.

Musiktipp
Karma, you got owned, Tep No

Verwöhne dich jeden Tag

Es gibt jeden Tag einen Grund, dir etwas Gutes zu tun und dich zu verwöhnen. Und damit meine ich nicht, dass du jeden Tag shoppen gehst und viel Geld ausgibst. Ich denke dabei an die kleinen Momente am Tag. Gönne dir deine kleine Lücke im Tagesplan für frische Luft, etwas Gesundes zu essen, ein kleines Blümchen für den Schreibtisch, ein Stück deiner Lieblingsschokolade, sage die Verabredung ab, auf die du sowieso keine Lust hast ... Es ist so viel wert, sich selbst jeden Tag etwas Gutes zu tun. Wenn du es nicht tust, tut es vielleicht niemand.

Life Lesson

Ich bin inzwischen Meister im Mich-Verwöhnen. Ich überlege mir schon morgens beim Aufstehen, wann ich dafür eine Lücke im Tag finde und was ich mir gerne Gutes tun möchte. Ich verwöhne mich beispielsweise fast jeden Tag mit einem guten, gesunden Mittagessen. Denn in der Regel unterrichte ich spätabends und komme dann nicht vor 21.30 Uhr nach Hause. Die gesunde Mittagspause ist mein ganz persönlicher Luxusmoment.

Happy. Now!

Meine Verwöhntipps für Dich

- Kauf dir selbst einmal die Woche frische Blumen.
- Geh spazieren und sing dabei laut.
- Gönn dir fünf Minuten für eine besondere Pflege/Maske am Abend.
- Setz dich fünf Minuten zum Meditieren hin.
- Blättere durch deine Lieblingszeitschrift.
- Mach dir deinen Arbeitsplatz hübsch.
- Hab immer ein Stück deiner Lieblingsschokolade zu Hause.
- Mach dir selbst ein Kompliment und häng es an deinen Spiegel.
- Massiere dir die Füße und mach es dir auf der Couch gemütlich.
- Kauf dir frisches Obst für den Tag.
- Dreh deine Lieblingsmusik auf und tanz dazu.
- Gestalte deine Wohnung um.
- Geh fünf Minuten früher aus dem Büro und schaffe es entspannt zu deiner Lieblingssportstunde.
- Gönn dir mehrere duftende Duschgels und entscheide jeden Morgen nach Lust und Laune neu, wie du duften möchtest.

Musiktipp
Fade and then return,
William Fitzsimmons

Unperfekt sein

Es ist ganz wichtig, dass du dir selbst gegenüber genauso großzügig im Vergeben bist, wie du es bei deinen besten Freunden oder deinem Kind bist. Oft sind wir uns selbst gegenüber der schärfste Kritiker. Unserer besten Freundin hätten wir einen kleinen Fehler schon längst verziehen. Aber wenn uns einfällt, dass wir selbst vor Jahren diesen einen Fehler gemacht haben, wird uns immer noch heiß und kalt und wir ärgern uns maßlos darüber.

Life Lesson

Als ich bei meinem ersten Arbeitgeber eine Pressemitteilung versehentlich zu früh herausgeschickt habe und der Aktienkurs damit ins Wanken kam, hat es mir damals sehr geholfen, dass mich der Berater der Geschäftsführung, der mein Entsetzen über mich selbst und meine Scham über meinen Fehler gesehen hatte, zur Seite nahm und nur den einen Satz sagte: »Wer viel arbeitet, macht auch mal einen Fehler.« Damit war die Sache für ihn erledigt. Wenige Minuten später hatte sich der Aktienkurs wieder beruhigt und alles war gut. Tatsächlich war der Fehler in aller Eile und unter Stress und durch ein Missverständnis entstanden. Dieser eine Satz hat im richtigen Moment alles aufgelöst und mir klargemacht, dass es überaus menschlich ist, Fehler zu machen.

Happy. Now!

Wann immer du in eine solche Situation gerätst, eine falsche Entscheidung getroffen hast, etwas Falsches getan oder gesagt hast, ruf dir in Erinnerung, dass man im Eifer des Gefechts einfach mal Fehler macht und machen darf. Man hat dann die Wahl, es zu ändern, es so zu lassen wie es ist und es anzunehmen oder sich bei einem selbst oder einem anderen dafür zu entschuldigen. Damit ist es dann aber auch abgehakt und erledigt und verziehen. Lerne dir selbst gegenüber so großzügig im Verzeihen und Vergeben zu sein wie dem liebsten Menschen gegenüber in deinem Leben.

Musiktipp
Song on the wind, Dub Sutra

Achtsamkeit für den Moment

Ich denke, das Leben im Hier und Jetzt gehört zu unseren größten Herausforderungen. Da wir jeden Tag ein unglaublich großes Angebot an Freizeitaktivitäten, Chatportalen, Fernsehsendern, Zeitschriften, Urlaubsangeboten etc. zur Auswahl haben, ist es sehr schwierig geworden, im Moment zu leben und nicht schon wieder das nächste Ereignis zu planen. Wir haben noch nicht einmal die letzte Begegnung oder Aktivität verarbeitet, da planen wir schon wieder die nächste und die nächste und die nächste. Innehalten und den Moment genießen bedeutet für uns manchmal Stillstand und Langeweile. Pausen sind oft als nutzlos verpönt. Wer rastet, der rostet. Unfassbar! Was dabei passiert, ist, dass wir die Gegenwart komplett verpassen. Wir hasten zur Arbeit und sehen nicht den sehnsuchtsvollen Blick unseres Sohns, der gerade Aufmerksamkeit braucht. Oder wir hören unserem Partner gar nicht wirklich zu, weil wir währenddessen schon die nächste E-Mail im Kopf formulieren, die wir noch schreiben wollen. Wir planen, wir hoffen, wir entwerfen To-do-Listen und Wenn-wir-das-erledigt-haben-dann-Listen und vergessen dabei, den Moment zu leben. Und auch die Vergangenheit können wir nur schwer loslassen. Weil wir gar nicht die Zeit haben, so viele Ereignisse in Ruhe zu verarbeiten. Dabei prägt die Vergangenheit uns und unseren Umgang mit allen Situationen und Menschen so entscheidend.

Auch die Gegenwart, den berühmten Jetzt-Moment, können wir nicht steuern. Aber wir können ihn erleben, wir können auf ihn reagieren, wir können ihn genießen oder aus ihm lernen. Wenn wir das verpassen, speichern unser Körper und unser Geist etwas Unverarbeitetes ab und wir laden uns ein Päckchen mehr auf, das wir nicht zuordnen können.

Life Lesson

Mir helfen drei Fragen mit ihren sehr einfachen Antworten, um meine Achtsamkeit für den Jetzt-Moment zu verfeinern. Ich frage mich: Wie viel Uhr ist es? Die Antwort lautet: Jetzt! Wo bin ich? Die Antwort lautet: Hier! Und wer bin ich? Ich selbst!

Ich habe es mir zum Ritual gemacht, immer wenn ich in der Warteschlange im Supermarkt stehe, mir diese drei Fragen zu stellen. Meine Ungeduld während des Wartens verliert sich dadurch komplett. Ich hole mich in den Moment und genieße ihn, weil ich meine Achtsamkeit schule. Probiere diese drei Fragen für dich, sooft es geht, aus. Gerade dann, wenn du dich ängstlich fühlst, hilft es dir, die Vergangenheit, aus der du die Angst ziehst, loszulassen. Ich weiß, das klingt sehr banal, aber es funktioniert gerade wegen seiner Einfachheit.

Happy. Now!

Ein weiteres gutes Werkzeug, um im Moment zu sein, ist dein Atem. Wenn du dich im Pläneschmieden verlierst und nicht mehr wahrnimmst, was hier und jetzt gerade um dich herum zu sehen, zu schmecken, zu hören, zu fühlen und zu riechen ist, nimm ein paar tiefe, ruhige, bewusste Atemzüge. Du wirst wahrnehmen, dass du nur hier und jetzt für den Moment atmen kannst. Du kannst nicht für morgen einatmen oder für gestern ausatmen. Du kannst mit dem Atem den einen Moment erleben.

Alles, was du achtsam und bewusst tust, ist Meditation. Yoga ist bewegte Meditation, Spazierengehen ebenfalls, Kochen kann Meditation sein, Putzen etc. auch. Immer wenn der Geist komplett bei der Sache ist, reden wir von Meditation. Und trotzdem ist es sehr schön, sich diesen Moment der Stille für die Meditation wirklich einzuräumen.

Wenn ich in Firmen ein Seminar zum Thema Stressprävention gebe, betone ich immer, wie wichtig es ist, wieder zurück zum Singletasking zu kommen. Das berühmte, viele Jahre als besonders effektiv bezeichnete Multitasking ist überhaupt gar nicht möglich. Es macht uns tatsächlich krank. Unser Gehirn kann sich auf genau eine Sache konzentrieren und diese wahrnehmen oder erledigen oder abspeichern. Sobald unser Gehirn mehrere Aufgaben gleichzeitig zu erledigen hat, ist es überfordert und das löst Stress in uns aus. Und auch die einzelnen Aufgaben werden in der Qualität nur mittelmäßig erfüllt. Teile werden vergessen und schon gar nicht erst mit allen unseren Sinnen erspürt.

Wenn wir lernen, Schritt für Schritt, Aufgabe für Aufgabe zu erledigen, bleiben wir gesund und arbeiten effektiv. Denn sei ehrlich zu dir: Wie viel Aufmerksamkeit bekommt dein Kind, wenn du es an der Schule abholst und gleichzeitig noch das Handy am Ohr hast, um mit der Kollegin das Budget zu besprechen? Wie viel bekommst du von deinem Meeting mit, wenn du gleichzeitig die E-Mails checkst und eine SMS an deinen Mann schickst? Wenn du dich auf das Singletasking zurückbesinnst, bekommen deine Erledigungen wieder eine andere Qualität. Du wirst trotzdem alle Aufgaben erledigen, sehr wahrscheinlich nicht nur effektiver, sondern auch schneller. Und gehst bei Weitem nicht so gestresst und erschöpft nach Hause.

Als ich nach meinem Burn-out beschloss, mein Arbeitsverhalten zu ändern, habe ich mir für den jeweiligen Tag viel kürzere To-do-Listen geschrieben als früher. Die unvorhergesehenen Aufgaben, Meetings etc. kommen ja ohnehin immer dazu. Und dafür sollte in der To-do-Liste noch Raum sein. Wenn du deine Liste am Abend erstmals erfüllt hast und dir nicht noch zehn weitere unerfüllte Dinge auf der Liste Kopfzerbrechen bereiten, ist das ein unglaublich gutes, entspannendes Gefühl. Halte in Zukunft deine To-do-Listen kurz und machbar. Und gehe auch wirklich nach Hause, wenn sie erledigt sind. Morgen ist ein neuer Tag.

Bei vielen Firmen ist es oft ein Sport unter den Kollegen, besonders lang abends zu bleiben. Dann zählt man zu den guten Mitarbeitern. Bei L'Oréal war es der Standardwitz, wenn ein Kollege um 18 Uhr nach Hause ging, zu fragen, ob er heute einen halben Tag frei genommen hat. Das schlechte Gewissen des Kollegen war vorprogrammiert und so blieben wir alle bis 20 oder 21 Uhr in der Arbeit. Es gab ja auch immer genug zu tun. Aber so nutzt du deine Kräfte natürlich innerhalb von wenigen Jahren, je nach Typ und Kraft, komplett ab und wirst krank.

Musiktipp
Om Namo Bhagavate,
Deva Premal & Miten

Good night wonderful day

Mein wichtigstes Learning nach meinem Burn-out war es, wieder einen gesunden und erholsamen Schlaf zu finden. Und vor allem nicht nur erschöpft einzuschlafen, sondern durchzuschlafen. Ein gesunder, ruhiger Schlaf stärkt dein Immunsystem und lässt dich nachts wirklich entspannen. Und das Wichtigste: Du wachst am nächsten Morgen gestärkt und voller Energie auf.

Life Lesson

Schlafen will gelernt und insbesondere vorbereitet sein. Wenn wir unsere Kinder ins Bett bringen, ist es für uns ganz selbstverständlich, dass wir bereits eine gute Stunde vor dem Zubettgehen mit den Einschlafritualen beginnen. Wir ziehen unserem Kind den Schlafanzug an, lüften sein Zimmer, machen ihm noch einen wohltuenden Einschlaftrunk, lesen ihm bei gedimmtem Licht eine schöne Geschichte vor oder gehen mit ihm noch einmal die besonderen Momente des Tages durch.

Ich habe für mich herausgefunden, dass ich diese Einschlafvorbereitungsstunde genauso dringend brauche wie unser Sohn. Gerade wenn dein Tag sehr ereignisreich und stressig war, fahr dich bewusst langsam runter und lass den Tag langsam aus deinem Körper und aus deinem Kopf gehen. Mindestens eine Stunde bevor du dich Schlafen legst, checkst du keine E-Mails mehr, schaust nicht fern, bist nicht mehr an deinem Handy, sondern nimmst dir Zeit, die Ereignisse des Tages zu verarbeiten und Ruhe in dir einkehren zu lassen. Wichtig ist es, jeglichen neuen Input an Informationen wirklich einmal am Tag zu stoppen.

Happy. Now!

Schaffe dir deine Runterfahrrituale. Mach Kerzen in der Wohnung an, nimm ein warmes Fußbad und massiere dir die Füße. Bereite dir ein beruhigendes Gute-Nacht-Getränk – optimal sind heiße Milch oder heißer naturtrüber Apfelsaft mit Zimt und Kardamom – und mach ein bis zwei beruhigende Atem- und Yogaübungen. Sehr beruhigend ist es auch, sich die Kopfhaut mit warmem Sesamöl zu massieren (und nebenbei wirkt es Wunder gegen trockene Haare).

Und hier folgt dein wichtigstes Ritual für einen gesunden Schlaf: Setz dich fünf bis zehn Minuten in Stille hin und lass den Tag Revue passieren. Geh deinen Tag gedanklich vom Morgen bis zum Abend durch und schau dir alle Gespräche, Begegnungen, Situationen und Momente an, die deinen Tag geprägt haben. Es werden ohnehin nur die Dinge auftauchen, die an dem Tag für dich wichtig waren, die dir Freude, Sorge, Angst oder Stress bereitet haben. Schau dir die Situationen an wie in einem Kinofilm, den du vor deinem inneren Auge vorbeiziehen lässt. Da du in deinem eigenen Kinofilm sitzt, kommen auch noch einmal die Gefühle auf, die du mit den Bildern verbindest. Nimm das wahr, aber lass den Kinofilm weiterlaufen und halte ihn nicht an. Indem du dir bewusst die Zeit nimmst, all das Erlebte zu verarbeiten, bevor du schlafen gehst, brauchst du die Nacht nicht mehr zum Verarbeiten. Jetzt nutzt du die Nacht wirklich zum Schlafen und zum Entspannen. Und du musst das Erlebte nicht mehr nachts durch den Körper und den Kopf schießen lassen. Gibt es aus deiner Sicht unerledigte Dinge aus dem Vortag, schreibe sie auf, nachdem dein Kinofilm zu Ende gelaufen ist.

Ist das stille Verarbeiten Meditation? Ich denke nein, es ist wirklich das bewusste Betrachten des Erlebten. Und wenn du danach noch ein paar Momente in Stille für dich sitzen bleiben möchtest: wunderbar, umso besser. Der Weg in die Meditation ist bereitet.

Mir hilft es, in diesen Momenten der Stille die Augen zu schließen. Unsere Augen sind sehr neugierig und über die Augen geben wir während des Tages die meiste Energie ab. Deshalb fühlt es sich oft sehr schön an, die Augen zu schließen. Wenn du dabei einschläfst, sehr schön, genieß es. Wenn du präsent und wach bleiben möchtest, kannst du auch gerne die Augen geöffnet lassen. Fixiere deine Augen auf einen Punkt einen halben Meter vor dir und lass die Augenlider sanft entspannen. Ganz wie du möchtest, am besten probierst du beides einmal aus.

Für einen guten Schlaf ist zusätzlich von essenzieller Bedeutung, wie unser Schlafzimmer gestaltet ist. Es ist wichtig, sich bewusst zu machen, was das Letzte ist, was wir anschauen, bevor wir einschlafen, und was das Erste ist, was wir sehen, wenn wir aufwachen. Entferne den Fernseher und sämtliche digitalen Dinge aus deinem Schlafzimmer. Streiche die Wände in deiner Lieblingsfarbe, sanfte Farben beruhigen das Gemüt. Ich finde eine bunte Wand im Raum genügt, es muss nicht das ganze Zimmer sein. Behalte zwei bis drei schöne Dinge wie ein Buch, ein Bild und eine andere Kostbarkeit in deinem Schlafzimmer. Den Rest entfernst du. Wähle deine Bettwäsche gut aus: angenehme Stoffe für deine Haut, Farben, die dich zum Lächeln bringen. Und natürlich ist auch eine für deine Bedürfnisse gute Matratze sehr wichtig. Lüfte, bevor du schlafen gehst, gut durch. Am besten schläfst du die ganze Nacht bei offenem Fenster. Du verbringst mehr als 25 Prozent deines Lebens im Schlafzimmer. Lege deshalb Wert darauf, wie du dich bettest. Verändere dein Schlafzimmer so lange, bis du optimal schläfst.

Beobachte auch, nach welchen Speisen du gut schläfst und nach welchen nicht. Was hast du gestern gegessen, wenn du mit Kopfweh aufwachst? Mit welchen Menschen oder mit welchen Aktivitäten hast du den Tag abends abgeschlossen und hattest Alpträume?

Deine Happy-Liste

Schreib dir eine Happy-Liste von Momenten, die dir am wichtigsten sind.

Meine sieht wie folgt aus

- Ein Date mit meinem Mann
- Zeit mit unserem Sohn
- Schwimmen im Meer
- Barfuß am Strand spazieren gehen
- Reisen mit unserem alten Bulli
- Yoga an jedem Flecken dieser Erde
- Meditation und Stille

Ergänze hier deine wichtigsten Momente, um glücklich zu sein.

Setze Grenzen

Nein!

Als ich damals in Cornwall war, um mich von meinem Burn-out zu erholen – mein Arzt hatte mir den Auftrag erteilt, so lange zu bleiben, bis ich mich richtig langweile –, ging ich dort zu einer Energiemassage. Ich hatte keine Ahnung, was das war. Aber es hörte sich gut an und ich hatte ja nun Zeit. Die Massagetherapeutin massierte mich zunächst so, wie ich es kannte, dann strich sie meinen Körper in alle Richtungen aus und begann zu rülpsen. Ich fand das etwas gewöhnungsbedürftig, aber ich hatte ohnehin keine andere Wahl, als unter diesen rülpsenden Händen liegen zu bleiben. Mein Anstand gebot mir, wachsam auszuharren. Sie sagte immer wieder während der Massage, dass sie eine ganz klare Nachricht meines Körpers empfange: »Set limits«. Nach der Massage erklärte sie mir, dass sie rülpste, weil sie diese schlechte Energie von mir sofort wieder aus ihrem Körper lassen musste. Sie zog die schlechte Energie aus mir heraus.

Ich verstand sehr schnell, was sie damit meinte, denn über die letzten Jahre und Monate hatte ich mir viel zu viel zugemutet und aufgebürdet und definitiv meine Grenzen nicht kommuniziert. Weder im privaten noch im beruflichen Bereich. Ich hatte erst dann versucht, Stopp zu rufen, als die anderen mich schon komplett eingenommen hatten. Und dann war mein Nein so leise gewesen, dass es niemand hören konnte. Ich wollte ja auch, dass alle mich liebten. Und wie kann man jemand lieben, der »Nein« sagt? Zumindest dachte ich das damals. Während der Massage schossen die Tränen der Erleichterung aus mir heraus. Ich war zweimal bei dieser Massage und schlief danach immer total entspannt und erleichtert wie ein Engel.

Was danach passierte, war magisch und verrückt zugleich. Als ich nach Hause zurückkehrte, sagte ich jedem die Wahrheit. Das hielt über mehrere Wochen an. Ich plante nicht, was ich sagte, es geschah einfach. Gegenüber meinem Chef kommunizierte ich meine Grenzen so klar, dass ich selbst verwirrt aus dem Gespräch herausging. Gegen-

Musiktipp
The Wheel,
Sohn

über meinem damaligen Freund sagte ich, dass es so nicht weitergehen kann. Aber auch im ganz banalen, alltäglichen Bereich hüpften Worte und Sätze aus mir heraus, die ich so niemals gewagt hätte zu sagen. Ich sagte in den Wochen nach diesen Massagen immer genau das, was ich eigentlich sagen wollte, mich aber normalerweise nicht getraut hätte. So als ob jemand für mich kommunizierte. Jemand, der mir aus tiefstem Herzen sprach. Völlig unverblümt und ehrlich. Die Blockaden in mir hatten sich gelöst. Endlich konnte ich klar kommunizieren und Grenzen setzen. Das Gefühl: wundervoll. Die Resonanz: unglaublich! Ich hatte selten so viel Respekt von meinen Chefs und meinen Mitmenschen wie ab dem Zeitpunkt meines neu erlernten »Nein.«

Life Lesson

Das Wort Nein ist ein ganzer Satz und endet mit einem Punkt. Gerade wir sensiblen Perfektionisten schaffen entweder gar kein Nein, da der andere ja dann denken könnte, dass wir diese eine Aufgabe nicht auch noch gerne erledigen können oder wollen. Und selbst wenn wir es geschafft haben, Nein zu sagen, ergänzen wir es gerne mit einem Komma: Nein, aber ich könnte es ja morgen für dich erledigen.

Ich weiß, wie schwer es ist, Nein zu sagen, denn ich komme aus einer Familie, in der das Wort Nein quasi nicht existent ist. Alles ist möglich und alles wird gemacht. Auch wenn man unter den Lasten schon zusammenbricht, ist es nach außen hin doch noch machbar, zu lächeln und die Aufgabe auf sich zu nehmen. Deshalb bin ich immer noch auf dem Weg, Nein sagen zu lernen. Ich bin immer unfassbar stolz, wenn es mir gelingt, Grenzen zu setzen. Ich merke förmlich, wie meine Seele dazu lächelt. Es scheint meine Aufgabe zu sein, das zu lernen. Seit ich ein Kind habe, fällt es mir leichter, zu allem, was mir Zeit für unser Kind stiehlt, Nein zu sagen. Es ist also ein wichtiger, immerwährender Prozess. Versuche dich dabei jeden Tag neu und sei stolz auf jeden Fortschritt.

Deine Kollegen und deine Chefs werden dich durch ein klares Grenzensetzen mehr respektieren, dir eventuell mehr Unterstützung anbieten oder verstehen, dass diese Aufgabe nur zu machen ist, wenn dafür eine andere wegfällt. Es funktioniert. Probier es aus.

Happy. Now!

Ein klares Nein will geübt sein. Übe es an kleinen Dingen. Wenn die Verkäuferin dir das nächste Mal anstatt der gewünschten 100 Gramm Käse 120 Gramm geben möchte: »Sind 120 Gramm in Ordnung?«. Dann antwortest du: »Nein«. Und freust dich auf ihre Reaktion. Sie wird den zu viel aufgeschnittenen Käse weglegen und dir die gewünschten 100 Gramm geben. Es ist also nichts passiert. Richtig?

Du übst weiter: an deinen Kollegen und an deinem Chef. Diese Aufgabe kannst du doch noch schnell erledigen? Nein. Und du freust dich auf ihre Reaktion. Beim ersten Nein entsteht eventuell noch ein wenig Verwunderung, da das aus deinem Mund niemand gewohnt ist. Aber die zwingende Folge eines klaren, überzeugten Nein sind Respekt und Anerkennung der durch dich gesetzten Grenzen.

Musiktipp
Always,
Peter Bradley Adams

Pausen machen

Inzwischen bin ich Meister im Pausen machen. Mein Mann amüsiert sich sehr darüber. Er sagt, dass ich mehr Pausen mache, als dass ich arbeite. Das mag sogar stimmen. Denn in der Zeit, in der ich arbeite, arbeite und erledige ich alle Dinge so effektiv wie nie zuvor. Gib mir eine halbe Stunde Zeit und ich habe die ganze Wohnung aufgeräumt, umdekoriert, Wäsche gewaschen, Essen gekocht und geduscht. Oder gib mir eine Stunde Zeit und ich habe ein neues Konzept für das Yogastudio erstellt, alle Überweisungen erledigt und die notwendigen E-Mails beantwortet. Seit ich bewusste Pausen mache, arbeite ich so effektiv wie noch nie zuvor.

Früher habe ich während des Arbeitstages kaum Pausen gemacht. Ich habe lieber durchgearbeitet, da ich sonst nicht alles geschafft hätte. Was für eine Farce. Ich ging jeden Tag müde und erschöpft nach Hause und hatte doch nicht alle meine To-dos erledigt. Ich hatte abends Kopfweh, mein Magen tat weh, da ich ungesund oder gar nicht gegessen hatte, meine Schultern, mein Nacken und sogar meine Beine schmerzten vor Anspannung.

Life Lesson

Es ist von großer Bedeutung zu verstehen, dass dir Pausen während des Tages Zeit schaffen und nicht nehmen. Jeder von uns kann sich je nach Tätigkeit zwischen 30 Minuten und einer Stunde am Stück konzentrieren. Dann benötigen wir eine Pause. Es macht also keinen Sinn, zehn Stunden am Stück durchzuarbeiten und dann überhungert und mit Migräne abends erschöpft nach Hause zu gehen. Zum einen bist du an solchen Tagen nicht durchgehend produktiv, zum anderen gräbst du damit heftig an deinen körperlichen und mentalen Ressourcen. Also mache ungefähr alle 60 Minuten eine kurze Pause und gestalte diese Pause für dich sinnvoll.

Meine Lieblingsmethoden, um Pausen zu machen

Wenn du nur wenige Minuten Zeit hast:
Lüfte dein Büro gut durch, steh von deinem Arbeitsplatz auf, laufe ein paar Schritte auf und ab, atme tief und bewusst durch die Nase ein und aus.

Häng dir deinen Lieblingsspruch oder dein Mantra an den Computer und nimm dir einen Moment Zeit, darüber entspannt zu schmunzeln und dein Mantra ein paarmal aufzusagen.

Stell dich in den Baum. Verlagere dein Gewicht auf das linke Bein, ziehe das rechte Knie gerade zu dir nach oben, ganz nah an den Oberkörper, such dir einen Fixpunkt mit den Augen, dann öffne das Knie zur Seite und setze den Fuß ganz oben an der Innenseite vom Standbein oder ganz unten an. Bring die gefalteten Hände vor dein Herz und dann öffne die Arme schulterbreit, atme dabei tief durch die Nase ein und aus. Wenn du kippst, schmunzele über dich und komme in Ruhe wieder zurück in die Position. Bleib pro Bein fünf bis zehn Atemzüge so stehen, dann wechsle die Seite. Auch wenn du in einer Firma arbeitest, kannst du schnell in der Pause auf die Toilette verschwinden und dich dort in den Baum stellen. Ich habe das bei L'Oreal ganz oft gemacht. Der Baum zentriert dich, macht dich klar und ordnet deine Prioritäten in Sekundenschnelle.

Gehe in den Kopfstand – das setzt allerdings gute Vorpraxis voraus. Alle Zellen werden wieder durchblutet, du siehst die Welt für einen Moment aus der anderen Perspektive, das macht den Kopf komplett frei. Und darüber hinaus stellst du dein Herz über den Verstand und triffst dadurch eine sinnvolle, wenn auch untypische Entscheidung. Durch den Kopfstand bekommst du sofort gute Laune, also auch eine optimale Übung an einem Miese-Peter-Tag.

Eat when you are hungry. Rest when you are tired. Relax when you are stressed. Step back when you are overwhelmed. Listen to your body.

Wenn du 15 bis 45 Minuten Zeit hast:
Mach einen Spaziergang an der frischen Luft, laufe um den Block, atme tief durch und verzichte dabei auf dein Handy: keine Anrufe, Nachrichten, E-Mails. Nutze die Zeit, um deinen Kopf durchzulüften und die Lunge mit tiefen, ruhigen, bewussten Atemzügen zu füllen. Danach wirst du alle Aufgaben doppelt so schnell und effektiv lösen wie vor deiner Pause.

Iss etwas Gesundes und tu das mit Zeit und Ruhe. Ich bin damals lieber allein etwas weiter weg von der Firma essen gegangen, um nicht auch noch in der Mittagspause mit Kollegen fachsimpeln zu müssen und um etwas Gesundes außerhalb unserer Kantine zu essen. Ich empfehle dir zwei- bis dreimal pro Woche deine Lieblingsgerichte zu Hause zu kochen und sie mit in die Arbeit zu nehmen. Es ist so viel mehr wert, etwas Gutes mittags zu essen, als schnell nur einen frustrierten Kantinenlunch zu sich zu nehmen oder gar das Mittagessen ausfallen zu lassen.

Mach Yoga am Arbeitsplatz.

Meine drei Lieblingsübungen sind folgende:

1. Stell dich mit leicht gebeugten Knien aufrecht hin, die Schultern sind entspannt, die Arme hängen locker am Körper. Du beginnst den Körper mit entspannt baumelnden Armen von rechts nach links zu rotieren, in der Bewegung nach rechts atmest du durch die Nase ein, in der Bewegung nach links durch die Nase aus. Finde dein optimales Tempo und schließe dann gerne die Augen. Nach zehnmal rechts und links bleibst du in der Bewegung und aktivierst die Arme für weitere zehnmal ein wenig mehr, danach bleibst du für zehn Atemzüge ruhig stehen und lässt die Übung nachwirken. Diese Übung sorgt dafür, dass Verspannungen entlang der Wirbelsäule gelöst werden, und dass jeder Wirbel wieder optimal an seinen Platz gerückt wird.

2. Stell dich mit geschlossenen Füßen aufrecht hin, in der Einatmung kommst du auf die Zehenspitzen und hebst gleichzeitig die Arme über vorne nach oben. In der Ausatmung senkst du im gleichen Tempo die Fersen Richtung Boden und die Arme wieder über vorne neben den Körper. Deine Fersen werden sehr wahrscheinlich schneller am Boden sein, als deine Arme neben den Körper sinken. Versuche mehr und mehr Gleichmäßigkeit in die Bewegung zu bringen und wirklich den ganzen Atem auszuschöpfen, die ganze Einatmung für die Bewegung nach oben, die ganze Ausatmung für die Bewegung nach unten. Dein Atem gibt den Ton für die Bewegung an. Nach zehnmal bleibst du in der Bewegung und schließt die Augen. Jetzt wird es wackelig, aber lass die Augen geschlossen. Dein Körper lernt jetzt ohne die Hilfe der Augen zu balancieren, das braucht ein bisschen Zeit. Beweg dich auch hier zehnmal auf und ab. Danach bleibst du für zehn Atemzüge stehen und spürst nach. Diese Übung fördert deine Konzentration und Klarheit.

3. Setz dich aufrecht hin, auf deinen Stuhl oder auf den Boden. Lass den Kopf zunächst im Uhrzeigersinn ganz langsam über vorne, über die Seite, über hinten und über die andere Seite kreisen, verbinde die Bewegung des Kopfes mit deinem Atem, kreise den Kopf in Zeitlupe. Nach fünfmal beginnst du den Kopf in die andere Richtung zu kreisen, lass die Schultern entspannt und leg die Zunge weich im Mund ab, sodass dein Kiefer ganz locker ist. Wenn du ein Knarzen und Knacksen hinten im Nacken hörst, ist das ganz normal, das sind Ablagerungen, die sich lösen.

Inzwischen bieten sehr viele Yogastudios eine kurze, sehr effektive Lunch-Yogastunde an, je nach Studio zwischen 45 und 60 Minuten. Du kannst dir nichts Besseres gönnen, als dir mittags Zeit für diese körperliche und mentale Auszeit zu schaffen und mit neuer Energie kraftvoll und gleichzeitig konzentriert den Rest deines Arbeitstages zu bewältigen. Schau dich nach einem Yogastudio in der Nähe deines Arbeitsplatzes um.

Musiktipp
Breathing,
Craig Kohland &
Shaman's Dream

Stress erkennen und auflösen

Viele von uns sind abhängig von dem Adrenalinschub, der in uns ausgelöst wird, wenn wir in Stress geraten. Wir haben uns schon sehr stark an den Antrieb gewöhnt, den Stresssituationen in uns auslösen. Das Adrenalin ist unser Treibstoff für den Tag. Das Problem ist nur, der Treibstoff ist irgendwann erschöpft und dann versagen unsere Nebennieren, die den Treibstoff für uns produzieren. Dann sind wir müde, erschöpft, gereizt, schlaflos und vieles mehr. Der übermäßige Stress greift immer dort, wo ohnehin schon unsere schwächste Stelle im Körper ist. Bei mir waren es damals die Ohren mit Tinnitus. Oft ist es ein Bandscheibenvorfall oder es sind Migräneschübe.

Deshalb sollten wir unbedingt auf die Warnsignale unseres Körpers achten, dann können wir erkennen, was der Körper uns mitteilen will. Unser Körper ist unfassbar schlau. Und sendet uns jeden Tag und auch in der Nacht ganz wichtige Signale. Bist du oft müde? Bist du launisch? Kannst du schlecht schlafen? Hast du Schmerzen im unteren Rücken? Kannst du nicht einschlafen oder wachst oft auf? Machst du dir ständig Sorgen? Schnappst du jede Erkältung auf? Hat der Tag nie genug Stunden, um nur die Hälfte deiner To-do-Liste abzuarbeiten? Kannst du selbst kleinste Entscheidungen nicht mehr treffen? Wenn viele dieser Warnsignale bei dir erkennbar sind, steuerst du sehr wahrscheinlich auf einen Zusammenbruch zu, deine Nebennieren sind angegriffen. Das Problem ist, dass unsere Nebennieren nicht unterscheiden können, ob gerade eine absolut lebensbedrohliche Situation für uns vorliegt – also beispielsweise ein hungriger Löwe uns im Dschungel auffressen will. Oder ob der nervige Kollege wieder alles im Büro an sich gerissen hat oder die rote Ampel unseren schnellen Heimweg blockiert. Unsere Nebennieren produzierten auf jeden Fall die Stresshormone Adrenalin und Cortisol und reagierten auf die vermeintliche Kampfsituation, um uns Energie zum Fliehen und Kämpfen zu geben. Deshalb erschöpften die Nebennieren bei permanenter Stressbelastung im Alltag.

Life Lesson

Wie können wir also anstrengende Situationen so auflösen, dass sie in unserem Körper nicht in Stress umgewandelt werden? Durch die richtige Atmung! Deshalb atmen wir im Yoga so bewusst. Wir üben für den Ernstfall, für das wahre Leben. Gelingt es uns im Alltag, in für uns schwierigen Situationen ruhig und tief zu atmen, entsteht der Kampfreflex in unserem Körper erst gar nicht, der Körper bleibt ruhig, die Nebennieren müssen keinen Treibstoff produzieren und wir verpulvern unseren Treibstoff nicht bzw. erhalten ihn uns für die wirklich brenzligen Situationen des Lebens.

Happy. Now!

Wie erlerne ich diese Atemtechnik? In jeder Vinyasa-Yogastunde in meinem Studio atmen wir bis auf die Schlussentspannung in der Ujjayi-Atmung. Es ist die sogenannte siegreiche Atmung. Sie klingt wie das Meeresrauschen. Die Atmung fließt durch die Nase ein und aus, und du verengst dabei sanft die Stimmritze. Dadurch erzeugst du ein wunderbares Rauschen mit deiner Atmung. Nachts atmen wir alle automatisch Ujjayi. Deshalb hörst du auch immer genau am Atem, wenn dein Partner eingeschlafen ist.

Du atmest über Bauch und Rippen zum Brustkorb hin ein und über den Brustkorb und die Rippen in den Bauch aus. Je öfter du die Ujjayi-Atmung im Yoga oder für dich beim Warten an der Bushaltestelle übst, um so geläufiger wird sie dir. Und umso automatischer hast du sie parat. Diese bewusste Atmung schärft gleichzeitig dein Bewusstsein für den Alltag, dir gelingt es mehr und mehr, dich förmlich neben dich zu setzen und wahrzunehmen, wenn du in Stresssituationen die Schultern hochziehst, nur noch ganz flach atmest oder den Atem anhältst. Du löst diese Situation dann mit einigen tiefen Ujjayi-Atemzügen tatsächlich auf und vermeidest die Stresssituation für dich und deinen Körper. Dieses Atembewusstsein und die Atemkontrolle sind die absolute Kür, deshalb probiere es immer wieder aus.

Musiktipp
Station,
Låpsley

Heizen mit offenem Fenster

Hast du bereits eine starke Erschöpfung, eine schwere Krankheit, einen Burn-out hinter dir? Dann ist es sehr wichtig, dass du weißt, dass ab diesem Zeitpunkt deine Ressourcen immer schneller erschöpft sein werden, als bei jemand, der das nicht hatte. Die meisten meiner Schüler zucken bei dieser Nachricht erst einmal zusammen. Aber ich finde es eine sehr gute Nachricht: Du bist oder wirst wieder gesund, aber du musst besser auf dich achten als vorher. Du hast dich quasi einmal verheizt und das speichern dein Körper und dein Geist ab. Du bekommst eine zweite Chance, aber nur wenn du auf dich gut aufpasst.

Nach meinem Burn-out gepaart mit Tinnitus habe ich gelernt, anders und besser mit mir umzugehen. Ich habe verstanden, dass ich zwar wieder Energie im Körper aufbauen kann, beispielsweise durch Dinge, die mir guttun wie Yoga, Meditation, frische Luft und Urlaub. Dass sich aber mein Energiespeicher auch wieder schneller leert als der von immer gesund gebliebenen Menschen. Du musst dir vorstellen, dass ab dem Zeitpunkt, ab dem du deine Kräfte einmal überschritten hast, deine Energie so schnell verloren geht, wie wenn du im Winter mit offenem Fenster heizt. Du hast nicht mehr die gleichen Energieschutzfenster wie vorher. Das heißt, wenn deine Kollegin bis 20 Uhr durcharbeitet und dann noch feiern geht und ihr das kräftemäßig nichts ausmacht, bedeutet das noch lange nicht, dass du das auch kannst.

Werde wachsamer und achtsamer, was den Umgang mit dir selbst angeht. Lege mehr Pausen ein. Mach früher Schluss mit der Arbeit. Setze Grenzen. Ernähre dich gesünder. Finde dein Hobby, das dir Energie bringt. Fahre öfter und länger in den Urlaub. Sei oft in der Natur. Schlafe viel. Und lache, sooft es geht. Du hast dein Warnsignal vom Universum bereits erhalten, achte es!

Life Lesson

Mein bestes Warnsignal, wenn ich zu sehr an meinem Energiehaushalt kratze, ist mein eigener Tinnitus. Zuerst war ich am Boden zerstört, als ich begriff, dass dieses Geräusch in meinem Ohr nie mehr ganz weg gehen wird. Aber heute liebe ich meinen Tinnitus. Er wird dann lauter, wenn ich über meine Grenzen schieße, wenn ich mich über meine Kräfte hinaus verausgabe und sehr gestresst bin. Sobald ich ihn in dieser stärkeren Lautstärke wahrnehme, mache ich ein bis zwei Tage oder falls erforderlich auch mehrere Tage ganz ruhig. Gehe spazieren und arbeite nicht. Und gönne mir so viel Schlaf wie möglich. Bestimmt hast du auch so ein Warnsignal, das dir anzeigt, ob du über deine Grenzen schießt. Gereiztheit, Migräne, Schlaflosigkeit, Appetitlosigkeit, Rückenschmerzen oder übermäßiger Appetit, Humorlosigkeit, Teilnahmslosigkeit, Erschöpfung etc. Achte darauf und nimm dieses Warnsignal sehr ernst. Mache mindestens ein bis zwei Tage Pause, wenn es auftritt, reagiere immer sofort. Du hast nur diesen einen Körper!

Happy. Now!

Mache mehr Urlaub als vor deiner Erschöpfung. In meinem Beruf Yogalehrer gebe ich sehr viel Energie ab, ich gebe sehr viel in meinem Unterricht und bin für meine Schüler vor und nach dem Unterricht noch für Fragen und Gespräche da. Deshalb brauche ich viele Energietankstellen. Ich mache längere Pausen und auch viel Urlaub. Ich komme erst wieder zurück, wenn mein Energiespeicher wieder übervoll ist.

Damals bei L'Oreal habe ich mit meinem Chef für die Zeit nach dem Burn-out vereinbart, dass ich drei Wochen Extra-Urlaub bekomme. Ein Klinikaufenthalt, Reha etc. dauert viel länger, so fanden wir es nur angemessen, mir mehr Urlaub einzuräumen als anderen. Wichtig ist, dass du danach fragst, sonst wirst du es natürlich auch nicht bekommen. Niemand kommt auf dich zu und schenkt dir Urlaub oder Zeit ... Du ganz allein bist für dich verantwortlich.

Ich weiß noch, dass ich damals nach meinem Burn-out sehr ungeduldig war, wieder gesund zu werden. Nach ein paar Wochen war ich bei meiner Ärztin und war traurig darüber, dass ich mich immer noch müde, kraftlos und erschöpft fühlte. Sie blickte mir ganz ruhig in meine verzweifelten Augen und fragte mich, wie lange ich meinen Körper der vielen Arbeit, dem wenigen Schlaf und der Unachtsamkeit vor dem Burn-out ausgesetzt hatte. Das waren mehrere Jahre gewesen. Über die letzten zehn Jahre hatte ich mich jobmäßig immer mehr gesteigert, unzählige Nachtarbeitsschichten eingelegt und war beruflich so oft unterwegs gewesen, dass ich nachts manchmal aufwachte und hektisch überlegte, wo ich denn gerade bin. Erst dann begriff ich, dass es eine lange Zeit brauchen wird, bis der Akku annähernd wieder voll ist und ich wieder die Kraft habe, den Tag ohne Erschöpfung zu meistern. Tatsächlich hat es Jahre gebraucht, mich wieder komplett fit zu machen. Das heißt nicht, dass du so lange nicht arbeiten kannst, aber das bedeutet, dass du ab jetzt immer auf dich achtgeben musst. Sei geduldig mit dir. Du hast jahrelang ohne Unterlass deinen Körper abgenutzt, jetzt gib ihm die Zeit, wieder stark zu werden. Übe dich in Geduld! Mach Schritt für Schritt! Und liebe dich in jedem Moment so wie du bist. Was ist so schlimm daran, sich während des Tages ein halbes Stündchen auszuruhen und dann gestärkt wieder weiterzumachen?

Lass dich an die Hand nehmen

Deine Engel sind für dich da

Ich vertraue darauf, dass in jedem Moment Engel für uns im Einsatz sind. Ich habe sie schon oft gespürt und ihre Hilfe kam immer zur richtigen Zeit. Natürlich denken wir meistens in für uns sehr schwierigen Momenten »an die Hilfe von oben«. Aber mir haben die Engel mit einem Augenzwinkern gezeigt, dass sie auch in den ganz kleinen Momenten für mich da sind: Ich bin mit meinem Mann mit unserem Bulli auf Hochzeitsreise gewesen. Da das Wetter überall in Europa sehr bescheiden war, sind wir nicht wie geplant nach Frankreich weitergefahren, sondern in Holland geblieben. An einem Abend sagte ich meinem Mann, dass ich mir am Morgen nichts sehnlicher wünschte als frische französische, richtig gut schmeckende Croissants. Am Campingplatz in Texel in Holland! Er nickte und wusste, dass Schwangere eben nun mal eigenartige Gelüste haben ... Am Morgen stiegen wir aus unserem Bulli aus und einer unserer entfernten Campingnachbarn hielt mit seinem Fahrrad bei uns an, überreichte uns eine Tüte mit frischen, knackigen Croissants, lächelte und sagte, er hätte extra ein paar Croissants mehr für uns gekauft und möchte sie uns schenken. Mit offenem Mund starrten wir den Mann an, nahmen die Tüte und bedankten uns sehr. Es waren die besten, sehr französischen Croissants, die ich je in meinem Leben gegessen habe. Wer hatte dem Mann, den wir noch nie zuvor gesehen hatten, zugeflüstert, dass an diesem Morgen Croissants für uns geliefert werden sollten?

Später an diesem Tag packten wir unsere Sachen und machten uns auf den Weg nach Domburg. Gleichzeitig verließ die »Engelsfamilie« den Campingplatz. Sie hielt kurz bei uns an und lächelte uns zu. In den Augen der Frau des Mannes, der uns die Croissants überreicht hatte, konnte ich sehen, dass sie ein Engel ist. Ich versank in ihren Augen, obwohl sich unsere Blicke nur eine Milliminisekunde trafen. Ihre Augen sagten: Mach dir

keine Sorgen, dein Kind kommt gesund und nicht zu früh zur Welt. Tatsache war, ich hatte die ganze Nacht wach gelegen und gegrübelt, ob wir nicht lieber zurückfahren sollten, da ja eine verfrühte Geburt in den letzten Schwangerschaftswochen jederzeit passieren kann. Aber in ihren Augen lagen Ruhe und Vertrauen und die Aussage: Mach dir keine Sorgen, du hast Zeit. Unser Sohn Liam kam eine Woche nach dem errechneten Tag zur Welt, gesund und stark und von Engeln getragen.

Musiktipp
Little star,
Madonna

Happy. Now!

Vertraue darauf, dass deine Engel immer zum richtigen Moment um dich sind und in Aktion treten, wenn du sie brauchst. Für die kleinen und großen Dinge deines Lebens. Lass dich von ihnen tragen, verwöhnen und glücklich machen.

Nimm dir Zeit, darüber nachzudenken, wann in deinem Leben schon Engel aufgetaucht sind. Meist flattern sie wie kleine Schmetterlinge plötzlich in dein Leben hinein und sind ebenso schnell wieder verschwunden, wenn ihr Einsatz erledigt ist. Deshalb nehmen wir oft gar nicht wahr, dass sie da waren. Wenn du an deine Engel glaubst, wirst du sie nun öfter erspüren und bekommst noch mehr Vertrauen in den Fluss des Lebens und dass du stets behütet und getragen wirst.

Musiktipp
Total eclipse
of the heart,
Sleeping at last

Love the Guru, leave the Guru

Das Wort Guru kommt aus dem Sanskrit und bezeichnet jemanden, der dich vom Dunkeln ins Licht führt. Jemanden, der dich für eine gewisse Zeit an die Hand nimmt und dir hilft, deinen Weg zu finden. Oft wird das Wort Guru mit einem spirituellen Lehrer gleichgesetzt. Aber ich finde, hier sind nicht nur die großen Lehrer und Gottheiten gemeint. Sondern auch die kleinen Gurus des Alltags. Die Dame an der Kasse, die dich anlächelt; der Herr am Nebentisch, der dir im richtigen Moment ein Kompliment macht; deine Freundin, die auch nachts für dich erreichbar ist, wenn du Liebeskummer hast; deine Eltern, die dich großgezogen und dir eine gute Ausbildung ermöglicht haben.

Life Lesson

Mein Superguru ist meine Schwester. Sie ist ein unglaublich weiser Buddha. Zu ihr kann ich kommen, wenn ich nicht mehr weiter weiß und mit ihr kann ich gleichzeitig am meisten lachen und Blödsinn machen. Nimm dir einen Moment in Stille, um all die Gurus an deinem inneren Auge vorbeiziehen zu sehen, die bisher dein Leben geprägt haben, die dich zu dem gemacht haben, was du heute bist. Gehe sie alle in Ruhe durch. Von frühester Kindheit bis heute. Und dann bedanke dich bei ihnen.

Happy. Now!

Du wirst jetzt feststellen, dass einige dieser Gurus immer noch in deinem Leben und andere bereits wieder verschwunden sind. Viele Gurus werden nur einen Teil deines Lebens mit dir gehen, sei es, weil sie versterben oder ohnehin schon Legenden sind oder weil ihr Teil für dich getan ist. Gurus kommen und gehen.

Lass sie auch gehen, wenn du merkst, dass es so weit ist, sie loszulassen. Viele Menschen begleiten uns einen gewissen, sehr wichtigen Teil im Leben und dann ist es Zeit, eigene Wege zu gehen. Wir entwickeln uns weiter, und sie entwickeln sich weiter. Und es kann ein Moment kommen, an dem die Wege nicht mehr zusammenpassen. Vielleicht für eine Weile oder für immer. Und damit meine ich nicht, dass man nicht an Freundschaften oder Beziehungen arbeiten muss, um sie zu erhalten. Aber manche Menschen gehen aus deinem Leben und das ist gut so. Oder du aus ihrem. Blicke nach vorne, wenn es so ist. Wenn du ehrlich bist, weißt du genau, wann es Zeit ist weiterzugehen. Sonst werden diese Menschen eine große Last auf deinen Schmetterlingsflügeln.

Es ist auch ein schöner Moment, vor dem inneren Auge Revue passieren zu lassen, für wen du dieser Guru schon warst oder gerade bist. Genieße das Bewusstsein, für viele deiner Freunde und deine Familie das Licht im Dunkeln sein zu dürfen.

Wir müssen langsamer und dümmer werden

Ich glaube, dass wir Powerfrauen und Powermänner, dadurch dass wir ganz viel können und wissen, verlernt haben, um Hilfe zu bitten. Wir meistern alle Aufgaben allein und wundern uns dann auch noch tatsächlich abends, dass wir erschöpft aufs Sofa fallen. Seit ich das Mantra »Ich muss langsamer und dümmer werden« mit meiner Freundin Natalie in einem verzweifelten Moment kreiert habe, um mehr Hilfe durch meine Kollegen, Freunde und Familie zuzulassen, geht es mir viel besser. Und ich habe auch das Gefühl, dass es den Menschen um mich herum besser geht, da sie gerne helfen, mich gerne unterstützen und natürlich oft viel bessere Lösungen parat haben als ich. Sie nehmen mich nicht mehr so sehr als eigenbrötlerischen Perfektionisten wahr. Das Mantra entschleunigt mich und hilft mir, nicht alles selbst zu erledigen, sondern um Hilfe zu bitten.

Wenn man in seinem Powerjob daran gewöhnt ist, den ganzen Tag alle Probleme aus dem Weg zu räumen, macht man das automatisch auch im Privatleben. Aber tatsächlich ist es wunderschön und für den Partner ein sehr gutes Gefühl, wenn wir uns im Privatleben darauf einlassen, dass er den Wochenendtrip organisiert oder das Hochzeitsgeschenk für die nächste Feier besorgt. Es ist wunderschön, auf Händen getragen zu werden und sich verwöhnen und helfen zu lassen. Ich hatte das in meiner Powerlebensphase komplett verlernt und muss mich heute immer noch oft daran erinnern, dass ich mir helfen lassen darf!

Life Lesson

Sich helfen zu lassen, wirkt Wunder in Beziehungen. Die Männer wollen uns verwöhnen, uns glücklich machen, uns umgarnen und wollen unser Prinz sein. Und Tatsache ist, wenn sie eine Powerfrau kennenlernen, die mehr verdient als sie, eine größere Wohnung hat und alles für sich allein managt, bekommen sie es eher mit der Angst zu tun, als dass sie das beeindruckt. Wir können Männer damit abschrecken, zu tough zu sein. Probier es mal aus und nimm dabei in Kauf, dass es nicht ganz so wird, wie du es dir vorgestellt hast, sondern viel schöner! Lerne abzugeben und du wirst getragen werden.

Darüber hinaus wird es dir helfen zu lernen, deine Erwartungshaltung loszulassen. Ich habe so viele Freunde um mich herum, die erwarten, dass ihr Partner so oder so ist. Dass er ihnen zum Geburtstag ein Skiwochenende auf einer Hütte organisiert; dass die Kette, die sie geschenkt haben wollen so oder so auszusehen hat ... Seien wir ehrlich, da kann man nur enttäuscht werden. Erwarte nichts und bekomme alles, lautet daher mein Motto. Lass dich überraschen und nimm es an, wie es ist. Jede selbst gepflückte Blume, das Überraschungsei oder die selbst gekochte Leibspeise, wenn du erschöpft nach Hause kommst, können so viel mehr an Liebe ausdrücken als deine erwarteten Geschenke und Gesten. Lass die Erwartungen an deinen Partner los und du wirst erleben, wie viel Liebe in den kleinen Gesten des Tages steckt. Und dein Partner bekommt auch wieder Lust, dich zu verwöhnen, da er dich dabei strahlen sieht. Ein enttäuschter Blick auf eine lieb gemeinte Geste deines Partners führt nur mehr und mehr dazu, dass er keine Lust mehr hat, dir kleine und große Geschenke machen zu wollen.

Happy. Now!

Unsere am meisten verwendete wundervolle Geste hat mein Mann eingeführt, da das seine Eltern auch schon so gemacht haben. Wir haben ein kleines Heftchen, in das wir uns gegenseitig hineinschreiben, was in uns gerade so vorgeht, wie sehr wir den anderen lieben etc. Einfach kurze Sätze oder längere Geschichten, wenn wir den anderen mit wichtigen Worten überraschen wollen. Und plötzlich liegt das Heftchen mit einem neuen Eintrag auf dem Tisch, wenn man aufwacht, und man weiß, hier wartet eine neue handgeschriebene Geschichte meines Partners, die dringend gelesen werden will. Dieses Büchlein ist eine unfassbare Freude für uns. Viel Spaß beim Ausprobieren!

Musiktipp
Homecomings,
Marc Shaiman

Herzensmenschen

Freunde, und dazu zähle ich meine Familie, sind das Wichtigste in meinem Leben. Wir brauchen in unserem Leben Menschen, die uns lieben, genauso wie wir sind; die uns verstehen, egal was wir tun; die uns vertrauen, egal wie verrückt unsere Entscheidungen sind; die uns zuhören, auch wenn wir das kleine zum großen Drama machen. Es ist ein unfassbares Glück, solche Menschen zu haben und zu finden. Sie sind unser Licht und können uns heilen.

Wenn ich mit meiner Schwester Zeit verbringe, gibt es Stunden, in den wir zusammen sind, aber kein Wort miteinander sprechen. Es genügt für unser Glück zu wissen, dass der andere da ist. Und dann gibt es wieder Stunden, in denen wir plaudern und quatschen, als ob wir uns Monate nicht gesehen hätten. Nichts ist uns füreinander zu viel, es gibt keinen Moment von Genervtsein oder von Neid. Es ist nicht so, dass wir in allem einer Meinung sind, aber wir sind auf so unglaubliche Weise miteinander verbunden, dass, obwohl unsere Leben sehr unterschiedlich sind, wir den anderen immer inspirieren können, seinen Weg zu gehen und aus ihm einen besseren Menschen machen. Wenn meine Schwester mir etwas rät, kommt es aus tiefstem, reinem Herzen. Es geht so weit, dass wir den Schmerz des anderen spüren, wenn er traurig ist oder sich verletzt hat. Für mich ist meine Schwester ein Herzensmensch. Von ihr kann ich auch Kritik annehmen und es ist sehr wichtig, dass jemand hin und wieder meinen verrückten Hippiekopf zurechtrückt!

Surround yourself with people who get it.

B E A C H

Life Lesson

Es ist ein wunderbares Gefühl, diesen Herzensmenschen zu hegen und zu pflegen. Für ihn da zu sein, wenn er dich braucht. Ihm zuzuhören, wenn er deine Meinung möchte. Und vor allem zu schweigen, wenn ihr einfach nur gemeinsam den Moment genießt. Dafür gehört für mich, dem anderen zu sagen, dass man ihn liebt und ihm in kleinen und großen Gesten zu zeigen, wie wichtig die Beziehung ist. Ein Herzensmensch muss gehegt und gepflegt werden. Dieser Freund oder Herzensmensch ist deine Lichtkugel und du kannst helfen, dass dieses wunderbare Licht stets kraftvoll und glücklich leuchtet – für dich und für andere.

Happy. Now!

Es gibt immer einen Grund, einem Freund ein Geschenk zu machen. Dafür musst du nicht bis Weihnachten oder bis zum Geburtstag warten. Bei uns in der Familie heißt das »Heilige Masunta«. Das hat meine Mutter bei uns eingeführt, als wir Kinder waren. Wann immer sie Lust hatte, uns etwas zu schenken, hat sie es getan. »Heute ist Heilige Masunta!« hieß es dann bei uns. Denn gibt es nicht jeden Tag einen Grund, seine Herzensmenschen zu feiern?

Einatmen, ausatmen, entspannen

Schnelle Entspannung für müde Augen

Setz dich in einen stabilen, bequemen, aufrechten Sitz. Schließ deine Augen und beobachte, was du gerade hinter deinen geschlossenen Augen sehen kannst. Ist es farbig oder schwarz-weiß, ist es Bewegung oder Stillstand? Nimm genau wahr, was du gerade siehst. Dann blicke von innen mit geschlossenen Augen zwischen deine Augenbrauen, in Richtung deines dritten Auges. Lass den Blick dort, stell dir an dieser Stelle wie bei einer Uhr 12 Uhr vor. Dann wandern deine Augen geschlossen in Zeitlupe auf 1 Uhr, auf 2 Uhr, auf 3 Uhr ... ganz langsam und bewusst, bis du wieder bei 12 Uhr ankommst. Bleibe einen Moment auf 12 Uhr. Dann wanderst du noch einmal die Runde, bis du wieder bei 12 Uhr ankommst. Dann änderst du die Richtung, das heißt du wanderst mit den Augen gedanklich auf 11 Uhr, 10 Uhr, 9 Uhr ... bis du wieder bei 12 Uhr ankommst. Du machst erneut eine kurze Pause und wanderst dann noch einmal über 11 Uhr, 10 Uhr etc., bis du wieder bei 12 Uhr ankommst. Dann entspannst du den Blick, lässt die Augen aber noch geschlossen. Bleib danach ein paar Minuten still sitzen. Du kannst dich auf deinen ruhigen Atem konzentrieren oder als Konzentrationspunkt beobachten, was du jetzt hinter den geschlossenen Augen sehen kannst. Meist werden die Augen stiller und ruhiger und sind nicht mehr so flatterhaft und angestrengt. Wenn du bereit bist, reibe ein paarmal deine Handflächen aneinander, bis du merkst, dass Wärme entsteht. Lege die warmen Handflächen auf deine geschlossenen Augen und dann öffne deine Augen, während deine Hände noch aufliegen. Dann nimmst du deine Hände vom Gesicht und gewöhnst dich langsam wieder an die normale Helligkeit des Raums.

Einen Film, wie ich diese Übung anleite, findest du hier auf Instagram

Diese Übung ist sehr entspannend für unsere heutige Beanspruchung mit stundenlangem Blick auf Computer- und Handybildschirme. Und gleichzeitig verbindet sie dich mit deinem dritten Auge, dem Punkt zwischen den Augenbrauen, deinem Energiezentrum für Intuition und Klarheit.

Espresso ohne Koffein

Diese Atemübung ist optimal, wenn du während des Tages müde wirst, aber weiter arbeiten musst oder wenn du ein wichtiges Date hast. Die Kapalabhati-Atmung bringt deine Augen zum Strahlen und deine Energie zum Fließen. Mach diese Übung sehr langsam und nur achtmal, wenn du zu Kopfweh und Migräne neigst. Denn sie befördert die Energie in Richtung Kopf. Kapalabhati heißt übersetzt »Erleuchtung des Schädels«. Diese Atemübung ist nicht geeignet für Schwangere und Menschen mit Bluthochdruck.

Du setzt dich in einen aufrechten, stabilen Sitz. Schließe die Augen. Deine Wirbelsäule ist lang aufgerichtet, du atmest dreimal ganz normal tief ein und tief aus. Dann atmest du erneut ein und beginnst, in der Ausatmung stoßweise zu pumpen. Das heißt, der Fokus dieser Atemübung liegt auf der Ausatmung, die Einatmung passiert automatisch.

Wenn diese Atemübung neu für dich ist, leg eine Hand auf den Bauch. Dabei kannst du gut erspüren, dass der Bauch in der gepumpten Ausatmung nach innen geht und er sich in der Einatmung, die automatisch erfolgt, entspannt und nach außen geht. Am Anfang kann es sein, dass du so auf die Ausatmung fokussiert bist, dass du nicht oder kaum einatmest und nach ein paar Ausatmungen leer gepumpt bist. Dann atmest du einfach wieder tief ein und probierst es erneut. Nach ein paarmal hast du es raus.

Einen Film, wie ich diese Übung anleite, findest du hier auf Instagram

Mach diese Atemübung in deinem Rhythmus 20-mal. Wenn du geübt bist, kannst du drei Runden à 20-mal machen. Aber steigere dich hier langsam. Nach dem 20. Mal atme alles aus, werde komplett leer und noch leerer. Dann atme ruhig und tief ein und langsam wieder aus. Dann atme erneut tief ein. Wenn du komplett eingeatmet hast, halte die Einatmung an, senke das Kinn Richtung Brustkorb, halte die Wirbelsäule aufrecht, sodass du das Brustbein Richtung Kinn hebst, beobachte mit gehaltener Einatmung, ob du irgendwo im Körper Wärme oder Energie prickeln spürst. Oft ist es im Bauch wahrnehmbar, unter der Gesichtshaut oder an der Kopfhaut. Wann immer du ausatmen möchtest, hebe zuerst den Kopf und dann atme aus. Nach dieser Atemübung bleibe noch für zehn normale Atemzüge ruhig sitzen. Dann öffne deine Augen.

Soforthilfe für deine Nerven

In deinem Bauchbereich befinden sich viele Nervenenden. Das können wir deutlich spüren, wenn wir nervös sind, dann wird es einem im Bauch ganz mulmig und unsere Verdauung kann verrückt spielen. Die folgende Atemtechnik wende ich selbst gerne an, wenn ich nervös bin und empfehle sie gerne Künstlern und Sportlern, die vor Publikum performen müssen. Natürlich ist diese Atemübung auch optimal, wenn du kurz vor einem Meeting oder einer Präsentation stehst.

Du atmest durch die Nase ein und kräftig durch den Mund mit dem Ton »Schhhhhhhhh« aus. Mach das mindestens zehnmal hintereinander. Das entspannt den Bauchbereich sofort.

Musiktipp
New York,
BOY

Deine Kraftorte

Kraftorte sind für mich Plätze, an denen ich besondere Energie verspüre, die mich mit Kraft auftanken, mir neue Kreativität einhauchen oder mich einfach nur erden und entspannen. Indem ich dir hier meine Kraftorte aufliste, möchte ich dich inspirieren, dir deine Lieblingsorte in Erinnerung zu rufen. Wo hast du dich richtig glücklich gefühlt, viel gelacht? Welche Reise hat dich besonders inspiriert, von welchem Ort träumst du, an welchen Platz denkst du oft zurück? Allein über diesen Ort nachzudenken, dich gedanklich dorthin zu beamen, wird dich mit Kraft füllen.

Setz dich aufrecht hin, schließ die Augen und versetze dich an einen deiner Lieblingsplätze. Wie schmeckt dieser Ort? Salzig oder süß, rosa oder blau? Was hörst du an diesem Ort? Lass dich auf alle Geräusche ein, nahe und ferne. Wie fühlt sich dieser Ort an, auf deiner Haut, im Bauch, auf den Schultern, in den Haaren? Wie sieht dieser Ort aus, was siehst du vor deinem inneren Auge, was im Weitblick und was ganz nah? Gehe so genau in den Ort hinein, wie es dir nur möglich ist, nimm dir mindestens fünf Minuten dafür Zeit, gerne auch zehn und verweile an deinem Kraftplatz. Tanke Atemzug für Atemzug die Energie, die dieser Ort für dich verströmt.

Wenn du von deiner Kraftreise zurückkommst und die Augen öffnest, wirst du dich glücklich und leicht fühlen. Du hast jetzt wieder diese Energie in dir, kannst sie konservieren und wieder hervorholen, wann immer du möchtest.

Meine Kraftorte

New York City: Fünf Tage in New York sorgen dafür, dass ich voller neuer Ideen und Tatendrang zurück nach Hause fliege, meine Marketingstruktur für das Yogastudio erneuere, das Yogastudio umgestalte und unsere Wohnung neu designe. Und natürlich komme ich immer mit einem komplett neuen Outfit zurück!

Mein Lieblings-Yogastudio: Einmal im Jahr muss ich in mein Heimat-Yogastudio *Laughing Lotus* in New York. Die Lehrer dort, die Energie aus den Stunden, das Schwitzen und Tanzen, die bunten Wände und das amerikanische, kraftvolle »Om« machen mich jedes Jahr aufs Neue zu einem fröhlichen Menschen. (*Laughing Lotus Yoga Center*, NYC, Manhattan, 636 6th Avenue, laughinglotus.com)

Tulum: An diesem Ort war ich bisher nur einmal, aber ich träume sehr oft davon und spüre immer noch die Ruhe und Kraft, die mir dieser Platz gegeben hat. Wärme, Sonne, Frieden, Einsamkeit, Yoga, der Duft von Blüten, unfassbar zauberhafte Menschen. Die Casa Violeta (casavioletatulum.com) und das Amansala Eco-chic Resort (www.amansala.com) sind wundervolle Unterkünfte am Strand.

Shanghai: Noch nie habe ich in einem Urlaub so viel Skurriles erlebt. Alles ist anders, niemand versteht einen und man kommt nie da an, wo man möchte. Perfekt, um aus der Komfortzone auszubrechen.

Cornwall: Die idyllische Landschaft, die Klippen, der britische Humor, die Pubs und die endlosen Wanderwege machen Cornwall für mich zu einer einmaligen Mischung aus Entspannung und Lebensfreude. Ich bin noch nie so viel gewandert und hatte noch nie so herrlich unterhaltsame Abende wie in meinen Wochen in Cornwall im Dezember. Selbstverständlich trugen die Einheimischen Shorts und T-Shirt, während ich Skianzug, Handschuhe und Mütze anhatte.

Alleine reisen: So sehr ich meine Familie liebe, es ist ein ganz wichtiger Moment für mich, einmal im Jahr allein auf Reisen zu gehen und in meinem Tempo die Welt zu erobern. Meist reise ich an Orte, die viel Natur, Sonne und auch Yoga bieten, aber auch brodelnde Städte liebe ich zur Inspiration sehr.

Deine Kraftorte

Kraftaufbau für deine Haltung

Musiktipp
Beautiful day,
Aykanna –
für den ersten Monat

Gobinday Mukanday,
Sada Sat Kaur –
für Fortgeschrittene

Diese Übung wirst du mehr und mehr lieben lernen. Sie stärkt deine Rückenmuskulatur, baut die nötige Kraft auf, die du brauchst, um aufrecht durch den Tag zu gehen, und sie entspannt die Schultern. Ein wunderbarer Nebeneffekt: Die Übung bringt deine Energie im Herzbereich zum Fließen, denn unsere Arme sind die Verlängerung unseres Herzens. Du kannst die Übung im aufrechten Sitz oder im Stehen praktizieren.

Streck die Arme seitlich auf Schulterhöhe aus, die Handflächen zeigen nach unten. Dann klappst du alle Finger – bis auf die Daumen – nach innen, die Daumen sind ausgestreckt und zeigen nach vorne. Du beginnst, mit den gestreckten Armen kleine Kreise nach vorne zu machen. Versuch, deine Schultern locker zu lassen und den Kiefer zu entspannen. Mach 20 kleine Kreise nach vorne, die Arme bleiben immer auf Schulterhöhe. Schließ am besten deine Augen, dann kannst du dich besser auf deine Atmung konzentrieren.

Danach drehst du die Unterarme nach oben, sodass deine Daumen jetzt nach hinten zeigen, und kreist die Arme 20-mal nach hinten. Mit geschlossenen Augen nimmst du die Arme dann über den Kopf und führst die beiden Daumen über deinem Kopf zusammen. Du atmest tief ein und hältst die Einatmung für einen Moment an, mit der Ausatmung lässt du dann die Arme neben deinen Körper sinken. Spüre jetzt in deine Arme, Schultern und Finger, vielleicht prickelt es ein wenig.

Du steigerst dich jede Woche um zehn Kreise nach hinten und nach vorne und wirst sehr schnell viel Kraft für deine Haltung aufbauen. Am besten drehst du deinen Lieblingssong laut auf und machst die Kreise, bis dein Song zu Ende ist.

Einen Film, wie ich diese Übung anleite, findest du hier auf Instagram

Energietankstelle

Nach dem Glauben der Yogis wird jeder Mensch mit einem bestimmten Kontingent an Atemzügen geboren. Wenn wir dieses Kontingent verbraucht haben, sterben wir. Deshalb sollten wir mit unseren Atemzügen sehr bewusst und sorgsam umgehen. Ich finde diesen Ansatz sehr schön, da er mich dazu inspiriert, so ruhig und bewusst wie möglich zu atmen und zu leben. Keinen Atemzug zu verschwenden. Und keinen Atemzug zu verpassen. Also sehr stark im Hier und Jetzt zu bleiben.

Wie das geht? Am besten lernst du es in kleinen Schritten. Leg dich mit dem Rücken auf deine Yogamatte oder auf eine Decke, stell die Füße mattenbreit bzw. gut hüftbreit auf und lass die Knie nach innen zusammenfallen. So kann sich dein unterer Rücken gut entspannen. Leg eine Hand auf den Bauch und eine Hand auf den Brustkorb.
Im Yoga atmest du durch die Nase ein und aus. Atme zuerst in den Bauch, dann in den Brustkorb ein. Dann aus dem Brustkorb und dem Bauch aus. Die Hände helfen dir, deinen Atem zu spüren. Du atmest zuerst in die Hand auf dem Bauch ein und dann in die Hand auf dem Brustkorb. Und wieder über den Brustkorb und den Bauch aus. Mit dem Atem bewegst du also sanft deine Hände auf und ab. Wie eine Welle, die durch deinen Körper strömt. Genieße es zu atmen, genieße es, lebendig zu sein. Mach diese Atemübung fünf Minuten lang. Dein Körper wird ruhiger und ruhiger. Und indem du mit den Gedanken bei deinem Atem bist, werden auch deine Gedanken ruhiger. Versuche keinen Atemzug zu verpassen. Ich stelle mir für diese Übung meinen Timer auf fünf Minuten. Oder du machst die Übung im Bett und schläfst dabei vielleicht ein.

Indem du mit Atemübungen und Yogaasanas deinen Atem besser kennenlernst, überträgst du das Beobachten und Wahrnehmen deines Atems auch mehr und mehr in den Alltag. Du nimmst wahr, wenn du vor Schreck oder Stress den Atem anhältst oder in Hektik sehr schnell atmest. Du wirst dein bester Beobachter. Wenn dir auffällt, dass du gerade nicht ruhig atmest, nimm dir Zeit für ein paar extra langsame, bewusste, reinigende Atemzüge. Dein Körper entspannt sich in dem Moment sofort und du gewinnst wieder neue Energie, um deine Aufgaben zu meistern. Mit jedem Atemzug tauschen wir im Körper einen halben Liter Luft aus. Luft ist kostenlos und unsere beste Energietankstelle. Wenn du einen solchen bewussten Atemzug machst, nimm wahr, wo deine Sinne sind. Wo bist du gerade? Wie fühlst du dich? Was geschieht um dich herum? Und vor allem: Lächelst du gerade? Ein paar bewusste ruhige Atemzüge helfen dir im Alltag, dich wieder klar zu sortieren und die Schultern und deine ganze Körperhaltung für einen Moment zu entspannen.

Einschlafsequenz

Wenn du einen besonders anstrengenden und herausfordernden Tag hattest, dein Körper und dein Geist noch unter Hochspannung stehen, wenn du schlafen gehen möchtest, kannst du dich mit diesen beiden Übungen sanft runterfahren und die Sinne nach innen ziehen. Am besten machst du die Übungen im Bett, dann kannst du dabei einschlafen.

Gepolstertes Supta Baddha Konasana

Für diese gepolsterte Variante brauchst du ein großes langes Kissen oder du rollst dir eine dicke Decke entsprechend zusammen, die du dir unter die Wirbelsäule legst. Du setzt dich vor das Kissen und legst deinen ganzen Rücken auf dem Kissen ab. Besonders angenehm ist es, wenn dein Kopf etwas erhöht liegt, leg deshalb eine dünne Decke oder ein Kissen unter deinen Kopf. Du bringst deine Fußsohlen zueinander und lässt die Knie zur Seite gleiten. Deine Knie polsterst du mit Blöcken oder ebenfalls mit großen Kissen, sodass dein ganzer Körper komplett weich gebettet und unterstützt ist. Deine Arme legst du entlang des Körpers ab, deine Handflächen zeigen nach oben. Atme tief über den Bauch in den Brustkorb ein und über den Brustkorb in den Bauch aus. Bleibe fünf Minuten und gerne länger so liegen.

Anschließend rollst du dich auf die Seite, entfernst alle Hilfsmittel und legst dich noch einmal für ein paar Atemzüge flach mit ausgestreckten Beinen auf dem Rücken ab. Du wirst spüren, dass dein Brustkorb jetzt ganz viel Platz bekommen hat, deine Hüften schön geöffnet sind und dein Atem schon sehr viel ruhiger geworden ist.

Tarasana mit gezählter Atmung

Für diese unterstützte Tarasana-Variante (genaue Pose siehe Anhang) legst du den Kopf auf einem Kissen oder Block ab, sodass du das Gewicht deines Kopfes wirklich abgibst. Um unseren Körper mit der Atmung zu entschleunigen, verlängern wir die Ausatmung. Du atmest auf zwei, drei ein und auf zwei, drei, vier aus. Finde deinen Rhythmus, aber zähle die Ausatmung immer eine Einheit länger als die Einatmung. Das macht dich ganz ruhig und lässt dich müde werden. Bleib drei Minuten in dieser Position. Rolle die Wirbelsäule wieder langsam auf. Dann leg dich zum Schlafen ab.

Ein Date mit dir selbst

Ich liebe Meditation. Inzwischen bin ich süchtig danach, nach Zeit für mich und mit mir selbst. Meditation ist tatsächlich etwas, was man erlernen kann. Meditation stärkt dein Immunsystem, fördert die Konzentration, entspannt dich, schützt vor Stress, bringt dich dir näher, macht dich ausgeglichener, stärkt dich mental und macht den Kopf klar. Es gibt nichts, was wirkungsvoller ist als Meditation. Nur: Du musst es jeden Tag machen. Hier zählt die tägliche Übung.

Meine Lieblingsart zu meditieren ist, komplett in Stille zu sitzen. Es gibt viele Meditationstechniken: aktive oder geführte Meditationstechniken, Visualisierungsmeditation, Atemmeditation, Körpermeditation, Meditation mit Mantras und Mudras und vieles mehr. Und sicherlich ist Meditation in Stille eine sehr herausfordernde Art zu meditieren, aber nach meinem Empfinden auch die wirkungsvollste.

Die Basis einer angenehmen Meditation ist ein stabiler, aufrechter Sitz, gerne auch mit dem Rücken an die Wand gelehnt. Am besten unterstützt du deinen Sitz mit einem kleinen Kissen unter den Sitzhöckern. Wenn du deinen Po und damit das Becken etwas höher platzierst, kannst du die Hüften und Knie leichter öffnen. Wichtig ist, dass die Wirbelsäule gerade ausgerichtet ist, du also aufrecht sitzt. Nur dann kann die Energie durch alle Chakren fließen. Leg dir gerne eine dünne Decke unter die Füße und deck dich mit einer Decke zu. So kühlst du nicht aus.

Wenn du deinen optimalen Sitz gefunden hast, beschließe, dich nicht mehr zu bewegen. Du brauchst deinen Körper nicht zum Meditieren. Wenn Körperteile während der Meditation einschlafen, versuche dieses Gefühl in Ruhe wegzuatmen. Wenn es gar nicht mehr geht, leg dich hin und streck die Beine aus. Lenk die Konzentration auf deinen Atem, nimm jede Einatmung und jede Ausatmung war. Nimm dir vor, keinen Atemzug zu verpassen. Du kannst den Atem auch erst einmal mit einem Mantra verbinden, etwa jede Einatmung mit »lass« und jede Ausatmung mit »los«. Irgendwann brauchst du das Mantra und die Konzentration auf den Atem nicht mehr, du wirst geatmet. Deine Sinne – fühlen, hören, sehen, schmecken, riechen – ziehen sich immer mehr nach innen. Das heißt, in der Meditation bist du ganz präsent und

klar – du schläfst nicht. Deine Sinne sind nach innen gezogen, dein Innenleben ist ganz ruhig. Alles, was außen ist, verschwindet mehr und mehr im Nebel. Nur du in deinem Sitz bist klar und präsent. Du hörst auf, alles zu bewerten, zu allem eine Meinung zu haben, alles ist, wie es ist, weil es ist. Ich brauche in der Regel sechs bis zehn Minuten, bis meine Gedanken wirklich stiller werden. Manchmal kommen mir auch noch »wichtige« Dinge in den Kopf oder To-do-Listen, aber wenn du nur lange genug sitzen bleibst, hört das irgendwann auf.

Meine magische Zahl sind jeden Tag 18 Minuten, diese Zeit brauche ich, um still zu werden. Probiere es aus: mindestens 30 Tage, im Idealfall für 108 Tage und dann für immer. Wenn du einen Tag schwänzt, beginnen die 30 Tage von vorne. Stelle deinen Timer, bevor du dich hinsetzt, auf 18 Minuten, schalte dein Handy aus. Nach der Meditation chante drei »Om« oder du kannst dich einfach lang am Boden ausstrecken und rekeln. Gönn dir dieses wunderbare Date mit dir selbst. Du wirst in der Stille unglaubliche Dinge über dich erfahren und dich in dich selbst verlieben.

Deine Meditation wird dir leichter fallen, wenn du meist zur gleichen Tageszeit, am gleichen Ort meditierst. Richte dir dafür deine kleine Meditationsecke ein. Mit einem schönen Kissen, einer Kerze, einer Blume oder was für dich dazu gehört, um dich wohlzufühlen. Mir hilft allein der Blick auf meine Entspannungsecke, um mich daran zu erinnern, dass ich mich einmal am Tag um mich kümmern sollte.

Lifting für die Seele

Es ist die Stille, die uns gesund sein lässt. Und damit meine ich nicht das Abhängen auf der Couch, sondern wirklich die Stille in uns, körperlich und mental. Verbunden mit keinem neuen Input von außen oder innen. Eigentlich bräuchten wir nach jedem Input, aber auf jeden Fall nach jedem stressigen Moment, eine Pause, um zu regenerieren. Da das natürlich nicht möglich ist, ist es wichtig, jeden Tag einen Moment der Stille zu finden. Stille heilt, Stille ist Gesundheit und Glück, Stille ist dein Lifting für die Seele. Wir Yogis glauben, dass wir in der Stille dem Universum, dem großen Ganzen, sehr nah sind und förmlich mit ihm verschmelzen. Dabei es ist absolut ohne Bedeutung, an was du glaubst. Setze hier dein Höheres, Größeres ein, was immer es ist.

Wir finden diese Stille zum einen im bewussten Atmen. Ich denke, unser Atem ist unsere Seele. Mit unserem letzten Atemzug verlässt uns die Seele und geht auf Wanderschaft. Nach jeder Einatmung und nach jeder Ausatmung entsteht ein ganz natürlicher Moment der Stille in uns. Es ist die sogenannte natürliche Pause. Man sagt, dass die Verbindung zum Größeren in dieser Atempause liegt, da die Stille in diesem Moment so klar und auch leicht wahrzunehmen ist.

Wenn ich mich in Stille üben will, setze ich mich aufrecht hin und zähle die Einatmung und die Ausatmung. Zunächst atme ich auf zwei, drei ein und auf zwei, drei aus. Dann verlängere ich den Atem auf zwei, drei, vier. Davon mache ich je fünf Runden. Dann atme ich ein auf zwei, drei, vier, halte den Atem auf zwei, drei, vier, atme aus auf zwei, drei, vier, halte den Atem auf zwei, drei, vier. Das mache ich ca. zehn Runden. Wenn ich dann den Atem wieder natürlich fließen lasse, ist es sehr ruhig in mir und die natürlichen Atempausen sind sehr gut wahrnehmbar für mich. Mit diesem Bewusstsein für Atmung und Stille bleibe ich ca. fünf Minuten sitzen.

Du kannst diese Atemübung jederzeit erweitern. Es gibt im Kundalini-Yoga die sogenannte 1-Minuten-Atmung. Man hat diese Atmung in den Kundalini-Yogastudios in New York in den Wochen nach 9/11 getestet, weil man den unter Schock stehenden Menschen, die in die Yogastudios kamen, helfen wollte. Diese Atmung hat von allen ange-

wandten Techniken am besten gewirkt, um Ruhe in den Geist zu bringen und den Schock zu verarbeiten. Die Idee dabei ist es, in einer Minute genau einmal ein- und auszuatmen (normalerweise atmen wir pro Minute 15- bis 20-mal). Da das sehr schwierig ist, ist der Weg dahin von essenzieller Bedeutung. Du zählst dich langsam hoch. Ein- und Ausatmung müssen dabei immer gleich lang sein. Wenn du nach mehreren Runden beispielsweise festgestellt hast, dass du die Einatmung gut auf zwei, drei, vier, fünf hochzählen kannst und die Ausatmung entsprechend, bleibst du dabei. Versuch ruhig mal auf die sechs oder sieben zu atmen. Wenn du aber merkst, dass du die Luft dann ziehst oder presst, geh wieder zu dem Rhythmus zurück, der für dich angenehm ist. Atme in dem für dich optimalen Tempo fünf bis zehn Minuten.

Der andere Weg, zur Stille zu finden, ist es tatsächlich, alle Geräusche und den Input von außen komplett auszuschalten. Du kommst nach Hause – und egal, ob du allein lebst oder mit deiner Familie –, du gönnst dir mindestens zehn Minuten Stille. Kein Fernsehen, kein Radio, kein Computer, keine E-Mails, kein Handy, keine Gespräche, keine Hausarbeit. Setz dich in Stille in deine Lieblingsecke und schau, was passiert. Nutz diesen Moment gerne, um Danke zu sagen. Aber dann lass die komplette Stille zu. Ich habe diese Technik angewandt, um nach meinem Tinnitus wieder zu mir zu finden und mich mit der Stille und mit Pausen im Tag anzufreunden.

Schnelle Ist-Analyse

Bei einem gesunden Menschen, in einem entspannten Moment, fließt der Atem sehr gleichmäßig. Ein- und Ausatmung – durch die Nase – sind gleich lang und hören sich von der Tonlage her gleich an. Setz dich still hin und atme so ruhig und gleichmäßig, wie es dir möglich ist.

Meist haben wir aber eine Lieblingsatemrichtung und diese sagt sehr viel über uns aus. Fällt dir die Einatmung leichter – kannst du also ohne Probleme sehr lange einatmen und die Ausatmung ist sehr viel kürzer und anstrengender für dich – kannst du dich sehr gut um dich kümmern. Fällt dir die Ausatmung leichter, kannst du dich sehr gut um andere kümmern. Auch hier gilt es, die optimale für dich machbare Balance zu finden. Je mehr du mit der gezählten Atmung beim Ein- und Ausatmen in Balance kommst, umso ausgewogener wird auch dein Verhältnis werden, sich um dich und um andere zu kümmern. Der Trick ist, deine Lieblingsatemrichtung minimal zu verkürzen, also das Atemvolumen nicht ganz auszunutzen und damit ein bisschen Raum zu kreieren für die Atemrichtung, die dir schwerer fällt. Am Anfang klingt das alles sehr technisch, aber nach ein paar Minuten wirst du sehen, dass du deinen Atem lenken und verändern kannst.

Einen Film, wie ich diese Übung anleite, findest du hier auf Instagram

Musiktipp
Kundalini-Osho
Active Meditation,
1st Stage, Deuter

Shake it out

Leg deine Lieblingsmusik auf oder nimm dafür die Osho Kundalini Meditation von Deuter. Dreh die Musik richtig laut auf. Tanz dazu mindestens fünf Minuten, besser noch 15 Minuten. Öffne dazu deine Haare, schließe deine Augen, dann schüttelt es sich noch viel besser. Zapple, schüttle, klopfe mit den Händen deinen ganzen Körper durch von oben bis unten, klopfe auf Arme, Beine, Brustkorb, Bauch, Rücken, Gesicht, Füße. Bestimme dein Tempo. Danach legst du dich in Stille auf den Boden oder deine Yogamatte und lässt die Vibrationen in deinem Körper nachwirken. Lass dir auch dafür mindestens fünf Minuten Zeit. Nimm die Wärme war, die Energie in jeder Pore, deinen Körper. Genieße dich und deine Lebendigkeit.

Musiktipp
Thou art the lover,
Gurunam Singh;
Love in my heart,
Sada Sat Kaur

Kundalini-Meditation

Wenn du schon einiges aus meinem Buch ausprobiert hast, bist du jetzt bereit für diese wirklich verrückte Kundalini-Übung. Sie verhilft dir, Dinge zu sehen, die dir normalerweise verschlossen bleiben. Sie bringt dir das Vertrauen, dass alles so in dein Leben kommt, wie es sein soll. Sie hilft dir, bedingungslos zu lieben und Liebe anzunehmen. Ein wahres Wundermittel also.

Du setzt dich aufrecht hin, am besten im Schneidersitz oder auf einen Stuhl. Du beugst den linken Arm und lehnst den Ellbogen an deinen Körper. Mit der linken Hand bringst du Daumen und Ringfinger zusammen und formst damit das sogenannten Sonnenzeichen. Den rechten Arm streckst du vor dir aus und formst mit der rechten Hand ein Schälchen, mit dem du all den Goldregen auffängst. Du schließt die Augen und bleibst elf Minuten so sitzen. Stell dir dazu deinen Timer oder stimme deine Musik so ab, dass sie genau elf Minuten lang ist. Du atmest ruhig ein und aus – und konzentrierst dich auf dein drittes Auge. Nach einigen Minuten wirst du den Impuls haben, die Arme fallen zu lassen. Tu es nicht. Wechsle auch nicht die Seite. Du bleibst elf Minuten genau so sitzen. Nach genau elf Minuten legst du deine Hände auf den Oberschenkeln ab. Deine Handflächen zeigen nach oben. Bleibe einige Minuten still sitzen und dann ruhe dich im Liegen aus.

Am besten machst du diese Übung 160 Tage lang. Hinterfrage sie nicht. Glaube an das Wunder.

Musiktipp
Adi Shakti
(Bhangra Mix),
Sada Sat Kaur

Gute-Laune-Lymphdrainage

Wenn du gerade das Gefühl hast, dich lieber zurückziehen zu wollen, dich vor der Welt verschließen zu wollen, wenn du frustriert bist, wird dir diese Übung aus dem Kundalini-Yoga ein ungeahntes Glücksgefühl bescheren. Kinder lieben diese Übung.

Setz dich aufrecht hin, am besten auf den Boden im Schneidersitz, aber auch gerne auf einen Stuhl. Schließe deine Augen. Du nimmst die Ellbogen auf Höhe deines Bauchnabels an den Körper, die Arme sind angewinkelt, die Unterarme und Handflächen zeigen zueinander. Mit der Einatmung streckst du den rechten Arm in einem Winkel von 60 Grad nach oben, mit der Ausatmung ziehst du ihn wieder an den Körper zurück. Sofort folgt mit der nächsten Einatmung der linke Arm nach oben, mit der Ausatmung geht er wieder zurück an den Körper. Du stellst dir deinen Timer auf fünf Minuten – mach dir gerne deine Lieblingsmusik dazu an – und richtest deinen Blick mit geschlossenen Augen zum Punkt zwischen deinen Augenbrauen, zu deinem sechsten Chakra. Das ist ein sehr guter, effektiver Konzentrationspunkt. Diese Lymphdrainageübung ist sehr belebend und reinigt dein ganzes Lymphsystem. Wenn du darüber nachdenkst aufzuhören, tu es nicht. Atme dich durch die fünf Minuten durch. Vertrau auf den Prozess und glaub an dich. Endorphine, unsere natürlichen Schmerztabletten, werden ausgeschüttet. Die Übung macht dich stärker, halte durch. Danach schüttle deine Hände aus, leg dich flach auf den Boden und gönn dir für einige Minuten Ruhe.

Es gibt nur einen Weg, der der richtige für dich ist: dein eigener!

Anhang

Im Folgenden findest du einige Erklärungen zu Asanas und Atemtechniken, die im Buch erwähnt werden, sowie einige Rezepttipps:

Asanas und Atemtechniken

Stabiler aufrechter Sitz

Position für die Meditation und Ausgangspunkt für die beschriebenen Yogaübungen im Sitzen. Setz dich aufrecht hin und kreuze die Beine. Entweder du wählst den klassischen Schneidersitz. Oder du legst eine Ferse so nah wie möglich an den Damm und die andere Ferse idealerweise genau davor, sodass deine Füße in der Körpermitte liegen. Lass deine Knie so weit wie möglich zur Seite sinken und achte darauf, dass die Wirbelsäule vom Steißbein bis zum Scheitel aufrecht ist. Stell dir eine Schnur vor, die von oben in deinen Kopf hineingeht und ganz gerade durch deinen Oberkörper durch die Wirbelsäule hindurch in deine Beckenmitte läuft – ganz gerade. Kippe dein Becken leicht nach vorne und lass deine Schultern sanft nach hinten fließen. Lehne dich mit dem Oberkörper und dem Hinterkopf gegen eine imaginäre Wand, sodass du wirklich fest auf deinen beiden Sitzhöckern sitzt.

Fällt dir das aufrechte Sitzen schwer, kannst du dich an einer Wand anlehnen oder dich auf ein Kissen oder eine Decke setzen. Wenn du etwas erhöht sitzt, können deine Knie leichter auseinanderfallen. Schüttle die Beine zwischendrin gerne aus und wechsele die Stellung der Beine ab und zu, um einseitige Belastungen zu vermeiden. Wenn du das aufrechte Sitzen zu sehr in deinen Hüften spürst, kannst du dir auch jeweils einen Block oder ein dickes Kissen unter die Knie setzen. Leg deine Hände dort ab, wo es für dich angenehm ist, auf den Oberschenkeln oder Knien. Dreh deine Handflächen nach unten oder nach oben.

Das Sitzen wird dir von Tag zu Tag leichter fallen. Am Anfang denkst du in den von mir beschriebenen Übungen vielleicht nur über das Sitzen nach. Aber nach ca. zwei Wochen hast du die Kraft, fünf Minuten am Stück ruhig und ohne Schmerzen und ohne Einschlafen der Beine oder Füße ruhig und aufrecht zu sitzen.

Ujjayi-Atemtechnik

Für die Ujjayi-Atmung strömt dein Atem durch die Nase ein und aus. Gleichzeitig verstärkst du die Atmung hörbar, indem du die Stimmritze verengst. Um das zu üben, halte deine Handflächen vor dein Gesicht und stell dir vor, dass sie ein Spiegel sind, den du anhauchen möchtest. Du atmest zunächst normal durch die Nase tief ein und durch den Mund aus, sodass du in der Ausatmung den Spiegel mit geöffnetem Mund anhauchst. Das ist genau das Geräusch, das die Ujjayi-Atmung in dir erzeugt. Wiederhole das ein paarmal.

In der nächsten Runde atmest du wieder durch die Nase ein und während der Ausatmung hauchst du weiter aus, nur schließt du währenddessen den Mund und behältst das Hauchgeräusch bei. Mach auch das ein paarmal. Dann legst du deine Hand entspannt ab und versuchst, das erlernte Rauschen sowohl bei der Ein- wie bei der Ausatmung mit geschlossenem Mund weiter zu erzeugen. Dein Atem fließt weiter durch die Nase, aber du wirst ihn sehr stark in der Kehle, an der Stimmritze, merken.

Mit dieser Technik vertiefst du deinen Atem, kannst ihn besser verfolgen, weil er hörbar ist, und erhöhst dein Sauerstoffvolumen erheblich. Die Ujjayi-Atmung ist die optimale Atemtechnik während deiner ganzen Vinyasa-Praxis und sie ist auch optimal, um dem Körper in Stresssituationen bewusst das Signal zu geben, dass er sich wieder entspannen kann. Ich bin verliebt in den Ujjayi-Atem, er lässt mich in der Asana-Praxis tiefer in die Übungen kommen. Wenn das Rauschen in mir aufhört, werde ich sofort daran erinnert, dass ich eine Pause machen soll und erst wieder in die ruhige Atmung kommen muss, um weiter Asanas zu praktizieren. Der Atem ist unser wichtigster Lehrer. Wenn wir den Atem anhalten oder sehr schnell und flach atmen, verspannt sich unser Körper. Durch die Vinyasa-Praxis verbunden mit dem Ujjayi-Atem lernen wir sehr gut, unseren Atem zu beobachten, und merken auch mehr und mehr im Alltag, wenn wir am Schreibtisch oder in anderen Situationen nicht mehr ruhig und tief atmen. So wirst du mehr und mehr, ohne dass du permanent darüber nachdenken musst, ein 24-Stunden-Yogi. Du lernst, dich selbst zu beobachten und dabei alte Handlungsmuster aufzulösen.

Nadi Shodhana

Die Atemübung Nadi Shodhana ist sehr beruhigend. Sie gleicht die rechte und linke Körper- und Gehirnhälfte aus und bringt die Energie in unseren Nadis (Energiekanälen) wieder sanft zum Fließen. Nadi Shodhana eignet sich sehr gut, um deinen Körper und deinen Geist nach einem stressigen Tag zu sortieren und runterzufahren. Oder du nutzt diese Atemübung als Einschlafübung.

Finde einen stabilen und aufrechten Sitz und leg die linke Hand auf deinem linken Bein ab. Von der rechten Hand klappst du Zeige- und Mittelfinger nach unten und legst den Daumen außen an den rechten Nasenflügel, den Ringfinger außen an den linken Nasenflügel. Rücke den Kopf wieder mittig und entspanne beide Schultern, vor allem die rechte.

Zunächst legst du die Finger wirklich nur außen an die Nasenflügel und atmest zweimal tief durch beide Nasenlöcher ein und aus. Dann verschließt du mit dem Daumen das rechte Nasenloch und atmest links tief ein. Wenn du komplett eingeatmet hast, hältst du den Atem an und verschließt mit dem Ringfinger das linke Nasenloch. Du öffnest das rechte Nasenloch und atmest rechts alles aus. Wenn du alles ausgeatmet hast, atmest du rechts wieder lang und tief ein. Du hältst den Atem an, wenn du mit der Einatmung komplett gefüllt bist. Dann verschließt du mit dem Daumen rechts und atmest links alles aus. Du atmest wieder links ein, hältst den Atem an, verschließt links und atmest rechts alles aus.

Wenn du noch mehr Länge und Gleichmäßigkeit in deine Atmung bringen willst, zähle bei der Einatmung auf zwei, drei, vier; halte auf zwei, drei, vier; atme aus auf zwei, drei, vier. Mach davon insgesamt 10 bis 20 Runden und zum Schluss atme links alles aus. Bleib danach für einen Moment still sitzen und mach wieder durch beide Nasenlöcher ruhige und tiefe Atemzüge.

Tarasana

Die Vorbeuge Tarasana ist mein absoluter Favorit. Sie ist für jedermann machbar und beruhigt und entspannt sehr.

Du setzt dich aufrecht hin, lässt die Knie auseinanderfallen und bringst einen halben Meter vor dir deine Fußsohlen zueinander. Du hast wirklich Platz zwischen Schambein und Fersen, es entsteht eine große Diamantenform zwischen Fersen und Schambein. Dann setzt du die Hände für einen Moment an die Schienbeine oder Knöchel, um dich in der Wirbelsäule noch einmal zu verlängern. Anschließend verlängerst du den Oberkörper aus der Hüfte in der Einatmung nach vorne, in der Ausatmung kommst du Stück für Stück nach vorne und unten. Dabei kannst du im oberen Rücken leicht rund werden. Vor allem lässt du den Kopf entspannt hängen und schließt die Augen. Dein Oberkörper verlängert sich ganz sanft in jeder Einatmung und kommt in jeder Ausatmung gedanklich tiefer. Auch wenn es nur Mini-Millimeter sind. Dabei geht es überhaupt nicht darum, wie tief du in diesem Asana nach unten kommst, sondern darum, die Sinne bei jeder Atmung nach innen zu ziehen und ruhiger zu werden. Und das gelingt uns mit dieser Vorbeuge sehr einfach. Lass alles um dich herum mehr und mehr im Nebel verschwinden. Alles, was gerade wichtig ist, bist du in deiner Vorbeuge und deiner Ein- und Ausatmung.

Wenn du diese Übung noch entspannender haben möchtest, setz dir einen Block oder ein Kissen unter die Stirn, sodass du das Gewicht deines Kopfes und damit auch deine Gedanken komplett abgeben kannst. Du kannst diese Übung zur Vertiefung mit Brahmari (Hummelbrummen) verbinden. Nach einer bis fünf Minuten komme genauso langsam aus der Übung heraus wie du Atemzug für Atemzug hineingekommen bist. Bleibe einen Moment still sitzen, um die Übung nachwirken zu lassen.

Wenn du zu Empfindlichkeit im unteren Rücken neigst, leg dich nach der Tarasana-Übung für einen Moment auf dem Rücken ab, zieh die Knie ganz nah zum Brustkorb ran und umarme die Beine. Du schaukelst ein paarmal von rechts nach links, um den unteren Rücken sanft an den Boden zu bügeln und dich hier durch das Rollen selbst zu massieren.

Kopfstand

Der Kopfstand wird auch die Königin aller Asanas genannt, weil die Durchblutung im Gehirn, in den Lymphen und Drüsen aktiviert wird. Die Atemwege werden frei und der Hormonhaushalt stimuliert. Der Kopfstand stärkt das Selbstvertrauen und stellt das Herz über den Verstand. Wir wechseln im Kopfstand unsere Perspektive und bekommen neue Impulse und neue Energie.

Senke aus dem Vierfüßlerstand die Unterarme schulterbreit zum Boden. Falte die Hände und verschränke alle Finger ineinander, bring die Handflächen zueinander und setze die Hände auf den Boden ab. Die Kopfeskrone platzierst du auf den Boden direkt vor die gefalteten Hände.

Streck die Beine und wandere mit deinen Füßen so nah an deinen Körper heran, bis dein Becken fast über deinen Schultern steht. Gib dabei aktiv Druck in deine Unterarme, sodass nur ca. 20 Prozent deines Gewichts auf dem Kopf lasten. Drück dich aus den Schultern heraus nach oben.

Übe diese beiden Schritte so lange, bis du dein Becken über dem Körper ausrichten kannst und deine Beine sich automatisch vom Boden abheben. Das kann eine Weile dauern, aber erst dann ist dein Körper bereit für den Kopfstand. Spring niemals in den Kopfstand, das ist riskant für deinen Nacken. Bei mir hat es ein Jahr lang kontinuierliche Yogapraxis gebraucht, bis ich körperlich und mental bereit war für den Kopfstand. Hab keine Eile, der Hund auf dem Kopf hat exakt die gleiche Wirkung wie der komplette Kopfstand.

Wenn du so weit bist, nimm in der Einatmung ein Bein gebeugt nach oben, zieh das Knie ganz nah Richtung Brustbein. Wenn dein Becken über dem Körper steht, kommt dein anderes Bein ganz automatisch hoch. Bleib hier mit beiden Beinen angewinkelt im halben Kopfstand. Das praktizierst du jeden Tag ein halbes Jahr lang. Dieser halbe Kopfstand ist anstrengender als der ganze, aber hier baust du die optimale Kraft für den ganzen Kopfstand auf.

Streck dann die Beine nach oben aus, schiebe die Fersen nach oben, schiebe dich immer wieder aus den Schultern raus und achte darauf, dass deine Unterarme dein Gewicht im Schwerpunkt tragen. Dein ganzer Körper ist aktiv, insbesondere die Körpermitte. Du aktivierst den Bauchnabel nach innen und oben. Oft erschlafft unser Körper, wenn wir die Beine oben haben, aber hier geht die Aktivität für den Körper erst los. Komm nach acht Atemzügen mit gebeugten Beinen oder – wenn du genügend Kraft hast – mit gestreckten Beinen aus der Haltung. Erhole dich im herabschauenden Hund und schüttle den Kopf ganz sanft aus. Dann setz dich für einen Moment auf den Fersen oder im Schneidersitz ab und lass die Übung nachwirken.

Khicheri

Für 1 Person

Für den Brei

35 g Basmatireis
25 g gelbe Linsen
1 Messerspitze Kurkuma

Für das Tarka (wird in den Brei gerührt)

1 TL Ghee (Butterschmalz)
1 Prise Asafoetida (getrocknetes Gummiharz)
½ Teelöffel Kreuzkümmelsamen
Steinsalz

Khicheri ist ein wunderbares Gericht, um sanft zu entgiften. Unser Verdauungsfeuer kann dieses Gericht gut verarbeiten. Es kann als Entgiftungskur mehrere Tage gegessen werden.

Für den Brei Reis und Linsen tropfnass mit Kurkuma in einen Topf geben. Langsam und schonend zum Kochen bringen. Falls die Masse zu trocken ist, einfach etwas Wasser zugeben. Alles halb zugedeckt etwa 30 Minuten köcheln lassen, bis der Reis und die Linsen weich sind.

Für das Tarka das Ghee in einem kleinen Topf erhitzen. Asafoetida einstreuen und mindestens fünf Sekunden braten lassen. Kreuzkümmel hinzufügen und 20 Sekunden mitbraten, bis er sich dunkel färbt und duftet. Das Tarka in den Brei rühren und mit Steinsalz abschmecken.

Khicheri schmeckt wundervoll mit gedämpftem Gemüse oder auch solo.

Warmes Frühstück

Für 1 Person

1 TL Ghee (Butterschmalz)
35–40 g Weizengrieß (je nach Appetit)
200 ml halb Milch, halb Wasser
(auch Reis- oder Sojamilch möglich)
1,5 TL Zucker
1 grüne Kardamomkapsel, Hülse entfernt,
Samen im Mörser zerstoßen
3 Mandeln, über Nacht in Wasser eingeweicht,
enthäutet und in Scheiben geschnitten
Ahornsirup oder Honig zum Beträufeln

Dieser Grießbrei ist ein wunderbar gesundes, wärmendes Frühstück. Dein Bauch wird Lachen vor Glück.

Das Ghee in einem kleinen Topf erwärmen. Den Grieß beifügen und zwei bis drei Minuten bei mittlerer Hitze unter Rühren braten, bis er sich hellgelb färbt. Die Milchmischung zugeben. Die Masse sprudelt jetzt kurz, wird aber dann wieder glatt.

Zucker und Kardamom zufügen und den Brei unter Rühren noch zwei bis drei Minuten köcheln lassen, bis der Grieß ausgequollen ist. Der Brei wird durch das Auskühlen noch ein wenig dicker. Wenn du es nicht so dick in der Konsistenz magst, gib noch mehr Milch dazu.

Den Brei in einer Schale anrichten und mit den Mandeln und etwas Ahornsirup oder Honig beträufeln.

Dhal

Für 4 Personen

2 Kartoffeln
2 Pastinaken
2 Stangen Sellerie
1 Bund Koriander
1 EL Ghee
1 EL Fenchelsamen
1 EL Kreuzkümmelsamen
1 EL Koriandersamen
2 TL Amchur (Mangopulver)
1 EL Garam Masala (Gewürzmischung)
1 Prise Asafoetida (getrocknetes Gummiharz)
150 g Mung Dhal
1 Liter Gemüsebrühe
Steinsalz
Pfeffer

Ich liebe Dhal als Ergänzung zu allen Gemüsesorten und zu Kräuterreis. Du kannst das Dhal auch wunderbar vorkochen und mit in die Arbeit nehmen. Dhal ist immer eine gute Idee für einen glücklichen Magen.

Die Kartoffeln und Pastinaken schälen und in dünne Scheiben schneiden. Den Sellerie in schmale Stücke schneiden. Den Koriander grob hacken.

Das Ghee in einem großen Topf erhitzen. Fenchel-, Kreuzkümmel- und Koriandersamen, Amchur, Garam Masala und Asafoetida zufügen und kurz erhitzen. Dann das Mung Dhal, die Pastinaken, die Kartoffeln und den Sellerie zugeben und ca. vier Minuten anbraten. Mit Gemüsebrühe abgießen und alles bei leicht geöffnetem Deckel 20 Minuten köcheln lassen, ab und zu umrühren. Das Dhal vom Herd nehmen und mit Salz und Pfeffer abschmecken.

Klassischer Hummus

Für 1 Person (ergibt eine große Schale)

2 x 400-g-Gläser Kichererbsen, abgegossen
10 EL Olivenöl
Saft von 2 Zitronen
1 Bund glatte Petersilie
2 gehäufte EL Tahin (Sesampaste)
3 Knoblauchzehen, abgezogen
2 TL Kurkuma, gemahlen
Steinsalz
Pfeffer

Die Zutaten für den Hummus kannst du immer gut als Vorrat zu Hause haben, mit einem schönen Stück Vollkornbrot oder Ciabatta und ein bisschen Gemüse hast du für zu Hause, aber auch für unterwegs eine gute kleine Mahlzeit.

Einfach alle Zutaten zusammen mit 3 EL Wasser mit dem Stabmixer zerkleinern, bis eine glatte Masse entsteht. Im luftdichten Behälter kannst du den Hummus bis zu einer Woche im Kühlschrank aufbewahren.

Rote-Bete-Hummus

Für 1 Person (ergibt eine große Schale)

Zutaten wie beim klassischen Hummus
1 kleine Rote Bete (ca. 150 g), geschält und klein geschnitten

Alle Zutaten zusammen mit 3 EL Wasser mit dem Stabmixer zerkleinern, bis eine glatte, cremige Masse entsteht.

Mandel-Chia-Energy-Balls

Für 20 Kugeln

200 g Mandeln oder andere Nüsse
400 g Datteln
4 EL Rohkakaopulver
2 EL Mandelmus
2 EL Kokosöl
2 EL Chia-Samen
Maca-Pulver nach Belieben

Diese kleinen Energiekugeln sind optimal für unterwegs und als gesunder Snack. Die Datteln machen sie herrlich süß und auch der Kakao befriedigt deine Süßgelüste. Chia, Kokosöl und die Mandeln sind einfach nur gesund. Du kannst die Energiekügelchen lange im Kühlschrank aufbewahren, also produzierst du sie am besten am Wochenende für die Woche vor.

Die Mandeln in die Küchenmaschine geben und komplett zerkleinern. Die Datteln entsteinen und hinzugeben, dann die restlichen Zutaten und 2 EL Wasser hinzugeben und erneut zerkleinern, bis alles gut vermischt und schön klebrig ist. Kleine Bällchen formen. Leg die Bällchen zunächst für eine Stunde ins Gefrierfach, bis sie fest sind. Dann kommen sie luftdicht verschlossen in den Kühlschrank.

Inspirierende Fragen für meine Leser

Wann habe ich das letzte Mal etwas zum ersten Mal gemacht?

Was ist der Lieblingsgeschmack meiner Kindheit?

Wem möchte ich gefallen?

Wann finde ich mich hübsch?

Was oder wer stoppt mich?

Wo fühle ich mich zu Hause?

Kopf oder Bauch?

Wie belohne ich mich?

Wann habe ich das letzte Mal aus vollem Herzen gelacht?

Welche Sprache spricht meine Seele und welche Farbe hat sie?

You are enough, a thousand times enough.

Danke

Es ist für mich ein unglaublicher Glückszustand, dass ich dieses Buch schreiben durfte und es jetzt tatsächlich fertig ist.

Mein größter Dank gilt meinem Mann Matthias und meinem Sohn Liam, die mir in den letzten Monaten den Raum und die Zeit gegeben haben, an meinem Buch zu schreiben und meinen Traum zu erfüllen. Ich danke euch für eure Liebe und Geduld.

Danke an die besten Mamas/Omas der Welt, ohne eure Baby-Sitting-Künste hätte Liam niemals auf mich verzichtet.

Ich danke dir, liebe Stefanie von Wietersheim, dass du mich motiviert hast weiterzuschreiben, als ich alles hinschmeißen wollte. Du bist so schlau und denkst so schnell! Danke für dich!

Ich danke all denjenigen Menschen, die mir das Vertrauen gegeben haben, dass ich etwas zu erzählen habe, das andere Menschen inspiriert: meinen Schülern, meiner Buddha-Schwester Ali, meiner zauberhaften Freundin Rebecca und meinen wundervollen Eltern.

Ich danke dem Universum, dass mich mein Anruf beim Christian Verlag vor 2 Jahren, bei dem ich ein Buch bestellen wollte, zu Doreen Wolff geführt hat, die mir zwar mit der Bestellung nicht weiterhelfen konnte, aber dafür gerne mein Buch-Skript lesen wollte.

Please don't worry,
I've got you.

The universe